UN
PRÊTRE MARIÉ

ŒUVRES

DE

J. BARBEY D'AUREVILLY

UN PRÊTRE MARIÉ

TOME SECOND

PARIS

ALPHONSE LEMERRE, ÉDITEUR

27-31, PASSAGE CHOISEUL, 27-31

M DCCC LXXXI

UN

PRÊTRE MARIÉ

XVIII

E lendemain du jour où elle eut avec Sombreval cette dernière entrevue au bas du perron du Quesnay, la grande Malgaigne fut vue de bonne heure au bourg de S..., chez le vieux teinturier du bourg.

— Tenez! — dit-elle en entrant dans la teinturerie et en faisant rouler de son dos un paquet enveloppé dans un de ses tabliers de fil rayé, v'là de la besogne pour vous, père Brantôme ! Teignez-moi tout cela en noir ; et si vous aviez dans votre cuve une couleur plus désolée et plus sombre, ce serait celle-là que je voudrais : mais la seule cuve où il y ait plus noir que le noir, — ajouta-t-elle avec une ardeur sourcilleuse, — c'est le fond de nos cœurs !

Le père Brantôme, comme elle l'appelait, regardait de tous ses petits yeux cette exaltée qui ne faisait rien comme une autre. — Est-ce que vous avez quelqu'un de mort ?... lui dit-il. Mais il se mordit la langue pour se punir d'avoir dit une bêtise. La Malgaigne n'avait pas de famille, et dans un pays si profondément familial, c'était là un malheur qui avait sa honte. Cette étonnante Octogénaire avait toujours vécu isolée dans la vie, aux yeux des générations qui l'entouraient. Elle était de ceux-là qui n'ont pas d'origine connue, et dont on dit dans la contrée : « On les a trouvés sous un chou. »

— Vère ! — dit-elle en s'en allant, — je suis en deuil pour le reste de ma vie, — jusqu'à ce qu'ils jettent sur ma vieille tête le drap mortuaire qui doit nous couvrir tous !

Elle imposait tellement, cette grande Malgaigne, grande comme les superstitions du pays, que Brantôme, le teinturier, la laissa partir sans autre observation, — mais du seuil de la porte ouverte, il avisa le boulanger Vigo, qui passait, en manches de chemise, un mousquetaire[1] sous chaque bras.

— Psitt, Vigo! — fit-il, — de qui peut-elle être en deuil, la Malgaigne, qui n'a jamais eu ni père, ni mère, ni mari, ni enfants, ni oncles, ni tantes, ni cousins, ni cousines?...

Vigo était ce que l'on appelle « un luron » de cinquante à cinquante-cinq ans, au large dos, élargi encore par l'habitude de porter au four la pâte de tous les pétrins du bourg de S..., et qui, en souvenir des succès et des bonnes fortunes de sa jeunesse, avait gardé un énorme catogan qu'il n'avait pas besoin de poudrer avec la fleur de farine dont il était ordinairement couvert; joyeux compagnon, gris comme une ardoise, mais faraud; accoutumé à rire et à jocqueter avec toutes les commères de son four, et plus commères qu'elles, le compère!

— Ni enfants! ni enfants! — dit-il de sa basse-taille mordante au teinturier qui suspendait, avec une longue fourche, une pièce de laine bleue au clou de sa porte, pour la faire sécher. Vous n'en savez rien, ni moi non plus, père Brantôme! Elle a dû être un fier brin de fille dans son temps et elle allait filer dans les

---

1. Morceau de pain de plusieurs livres.

plus grande maisons du pays! Une déchirure est bientôt faite au tour-de-gorge ou à l'honneur d'une garce, et qui sait? celle-là, n'est mort-Dieu! pas comme les autres. Elle aura gardé son secret.

— Mais personne n'est mort dans la paroisse, ni à Taillepied, — dit le logicien aux mains vertes.

— Et sac à farine! quelle pâte d'homme êtes-vous? — fit le boulanger au catogan. Ne peut-on tourner l'œil qu'ici ou à Taillepied, vieux père la Potasse?... Qui a jamais mis le nez ès affaires de c'te Malgaigne, fière à toute époque comme les paons de Lude sur leurs toits et qui en se reprenant au diable pour se donner à Dieu, a aplati du coup tous les becs qui ne demandaient qu'à jaser? Dans son temps, p't-être que les belles filles embarrassées et qui ne pouvaient plus nouer les cordons de leur tablier allaient déjà, comme maintenant, à Cherbourg. Et *pourquoi n'y serait-elle pas allée*, comme tant d'autres que nous connaissons vous et moi, et qui ne sont pas restées écloppées pour y avoir été, père Brantôme?

Le *populo* sera devenu un homme, et même un vieux homme, comme nous v'là, et sera mort — queque part, — au loin — car Cherbourg, ce nid aux *populos* de toutes les filles du Cotentin, est un port ouvert sur les quatre parties du monde. C't'après-midi, quand j'irai porter le pain chez la demoiselle de la poste, j'demanderai à la grosse Eulalie Le Dran, sa servante, s'il n'est rien venu pour la Malgaigne. V'là tout ce que je puis faire pour vous, père Brantôme, car qu'est-ce que ça me fait à moi que le droguet de la Malgaigne soit noir ou bleu sur sa carcasse ?.. ou qu'elle... vous m'entendez...

Il siffla doucement : manière d'indiquer musicalement une chose délicate. Puis il montra son dos enfariné au père Brantôme et s'en alla, tricotant des hanches et chantonnant, son gros catogan battant la mesure entre ses deux épaules :

« La belle bourgeoise a passé trente ans,
« Votre serviteur très humble !
« Votre serviteur !
« Votre serviteur !
« Votre serviteur très humblement ! »

Seulement, il n'apprit rien de la grosse Eulalie. Aucune lettre n'était venue à l'adresse de la Malgaigne, qui ne savait pas lire et qui, de sa vie, n'en avait reçu, et les deux flâneurs, — pas plus que le reste de la contrée, — ne surent pourquoi la vieille Malgaigne ne portait plus que du noir sur elle et ne marchait plus que la cape de son mantelet rabattue par-dessus sa coiffe jouxte les yeux, comme si elle eût suivi un enterrement.

Sombreval, lui, sut pourquoi ce changement de costume et de tenue, dans une femme qui fixait plus l'attention que les châtelaines du pays dans leurs châtellenies. Il la revit quelque temps après la scène du perron. Ils ne se cherchaient ni l'un ni l'autre, mais ils se rencontrèrent dans un de ces nombreux chemins qui mènent du Quesnay à Néhou. Elle était appuyée contre un arbre, debout, arrêtée pour respirer, les mains jointes sur son haut bâton, et sa cape tellement rabattue qu'on ne découvrait que le bas de son visage, et qu'elle ne pouvait voir, elle, que le bout de ses sabots et la place où, en marchant, elle mettait les pieds. La Malgaigne ressemblait ainsi à une de ces figures voilées, mystérieuses et sinistres, comme on en trouve de sculptées dans le chêne des portails gothiques. Lorsque Sombreval s'approcha, elle priait ou parlait ses méditations en elle-même, car ses lèvres blanches remuaient d'un mouvement lent et doux.

Il la regarda quelque temps, et brusquement.

— De qui es-tu en deuil, la mère ? lui dit-il, arrêté devant elle.

— De toi et de ton âme ! répondit-elle sans surprise, aussi brusque que lui.

Il sourit comme doit sourire l'intelligence qui

a pitié de la folie, mais elle lui tua bien son sourire :

— Et aussi, reprit-elle, de ces deux enfants qui sont là-bas sur la berge, et dont tu es l'assasin, Sombreval !

Ils y étaient en effet. Calixte et Néel venaient de s'asseoir sur le gazon en talus d'un de ces fossés qui ressemblent à des fortifications en Normandie, lassés tous deux d'une promenade que Sombreval leur avait conseillée. Ils étaient là, épaule contre épaule, et ils paraissaient, ce jour-là, plus que jamais le frère et la sœur.

Calixte était toujours la charmante Débile, épuisée, que l'effroyable chute de Néel et ses suites pleines d'émotions et de dangers avaient épuisée un peu plus, et Néel, qui était rentré dans la vie, il est vrai, s'y traînait, terriblement pâle et languissant encore de sa convalescence.

Échappé par miracle à la tragique mort d'Hippolyte, chantée par les poètes, ce jeune homme n'avait, le croira-t-on ? gardé de toutes ses blessures qu'une cicatrice visible et profonde au visage ; un sillon qui coupait en deux un de ses purs sourcils ; mais cette cicatrice, il ne l'eût pas donnée pour une couronne. Il s'en parait avec orgueil. Dans cet ardent besoin de s'identifier avec ce qu'on aime, qui est le caractère le plus impérieux de l'amour, il était heureux d'avoir son signe au front comme Calixte, mais lui, comme Calixte, il ne le cachait pas.

Il lui disait avec la coquetterie passionnée d'un cœur insatiable : « Vous ne pourrez jamais me regarder sans penser que j'ai voulu mourir pour être aimé de vous, et vous ne pourrez même pas me voir venir de loin vers nous sans avoir cette pensée, » car il boitait maintenant, le beau et fringant Néel ! Le médecin avait formellement déclaré qu'il resterait boiteux toute sa vie.

Avec cette beauté délicate, cette beauté de cristal que sa chute n'avait pas brisée, et cette claudication légère qui attendrissait sa démarche, il avait l'air « de cet ange qui s'est heurté contre une étoile, » dont Byron parlait un jour en parlant d'un boiteux comme lui. Néel avait quitté le Quesnay et il était revenu à Néhou, où il avait retrouvé son père, très heureux de l'y revoir, ce fils unique, mais aussi très fidèle à son idée et aux engagements pris avec son compère Bernard de Lieusaint.

— Chevalier, — lui avait-il dit, un soir, au dessert d'un de leurs repas, tête à tête, — tu te tiens maintenant assez bien debout pour y rester le temps de passer un anneau à la main d'une femme, sous la perche du Crucifix.

Néel, qui avait résolu d'opposer la force d'inertie à son père, répondit par une plaisanterie, cette fois-là : — mais un autre jour, il fallut bien en découdre, — comme aurait dit Bernard de Lieusaint, — quand le vicomte lui porta cette autre botte :

— Monte donc à cheval, chevalier ! Tu perds l'habitude de la selle, et va donc à Lieusaint rendre à ta fiancée la visite qu'elle t'a faite au Quesnay et que tu lui dois.

— Je n'ai plus de fiancée, mon père, dit Néel acculé, avec une fermeté douce. Mademoiselle de Lieusaint m'a rendu les joyaux de ma mère, et me présenter chez elle... actuellement du moins... l'offenserait.

— Ah ! c'est de là que souffle le vent ! fit le vicomte Éphrem de bonne humeur et sans colère. Pure jalousie de jeune fille ! Bernardine t'a vu au Quesnay avec une garde-malade bien capable, ma foi ! de mettre martel en tête aux plus jolies. Mais ce n'est ni les jalousies d'une fillette qui t'adore, après tout, chevalier, ni tes galanteries avec la petite châtelaine de là-bas, qui peuvent empêcher nos arrangements de famille, à Bernard et à moi, et rompre la parole que nous nous sommes donnée en émigration, de marier un jour nos enfants, si nous en avions. Il s'agit de faire souche aux Néhou, et, avant que je parte pour l'autre monde, d'être bien sûr que tu as ajouté un Néel XXIII aux autres Néel de notre maison.

La sécurité de son père attristait Néel. Il voyait bien que cette sécurité se changerait un jour en impatience ; et le ton imperturbablement léger avec lequel l'incorrigible vieillard faisait allusion à Calixte le blessait toujours. Il se tut, mais il n'alla pas davantage à Lieusaint, Il n'alla qu'au Quesnay, et Bernard, piqué pour sa Bernardine, ne revint pas à Néhou. Voilà la vie ! L'intimité de deux hommes forts, qui avaient souffert l'exil, la guerre, la misère, toutes les peines, gaiement ensemble, cette intimité si robuste allait se dissoudre parce que leurs enfants (deux enfants !) ne s'entendaient plus !

Cependant Sombreval était resté sans répondre un seul mot aux brèves paroles de la Malgaigne. Cavant sa hanche sur le bâton de houx où il appuyait la paume de sa main, pensif, attentif, les pieds dans l'argile, il regardait, comme s'il eût été un médecin, cette *folle*, comme il l'appelait souvent, effrayante de concentration et de solennité sous sa cape noire, et il se sentait troublé...

Fort contre tout, mais faible comme ceux qui aiment le sont pour ceux qu'ils aiment, il était *figé* par ce qu'elle lui avait dit de Calixte et de Néel dont elle portait le deuil, eux, *en vie !* Involontairement, il s'était retourné et il les avait vus tranquilles, toujours assis sur leur berge verte, occupés d'eux seuls et des bouquets de fleurs sauvages qu'ils avaient cueillis dans leur promenade, et dont Calixte, élève de son père dans la science, expliquait à Néel les propriétés.

L'amoureux garçon se souciait bien de botanique ! Mais Calixte parlait. Il écoutait sa voix, et de toutes ces fleurs, il ne pensait qu'à la plus douce et à la plus sauvage, et il ne la cherchait pas, de son regard avide, dans le gros bouquet qu'elle avait alors à la main.

— L'exaltation de l'esprit agit donc sur nous, comme l'épilepsie ?... pensa Sombreval en se reprochant de s'être involontairement retourné.

Quant à la Malgaigne, elle était retombée dans le silence, mais les lèvres de ce visage dont les yeux étaient cachés par cette cape rabattue comme par une cagoule à laquelle eussent manqué des trous, les lèvres remuaient comme si elle eût poursuivi quelque conversation intérieure. Peut-être, en ce moment, répondait-elle à ce qu'elle appelait ses Voix.

— Décide ! — murmurait-elle avec une horreur qu'elle n'avait jusque-là jamais eue, — parricide et infanticide ! — Et infanticide ! — répéta-t-elle avec un éclat dans la voix.

— Qu'est-ce qu'elle dit donc d'*effanticide ?* — dit une autre voix derrière le buisson d'à côté,

— une voix traînante et insolente; et Julie la Gamase se montra.

Pour Sombreval, Julie la Gamase, l'ignominieuse mendiante, était l'Injure vivante et abhorrée, la seule injure qui le trouvât sensible, ce grand endurci, trempé et forgé dans le mépris des orgueilleux.

Elle lui rappelait une scène horrible et une monstrueuse ingratitude, non pas envers lui, — envers lui! il l'eût oubliée! — mais envers Calixte, pour le compte de laquelle il se sentait féroce, — pour laquelle il eût, comme César, fait mettre en croix ceux qui auraient troublé son sommeil. Des injures qui pleuvaient sur lui de tous les points de l'horizon et qui tombaient comme les flèches de la Bible, — dix mille à sa droite et dix mille à sa gauche, — l'injure de Julie la Gamase était la seule qui ne fût pas perdue et qui s'enfonçât dans la cible de son âme fermée à tout, repoussant tout, comme un bouclier. Partie de plus bas, elle atteignait mieux.

Ce n'est pas rare qu'un tel phénomène. Il existait pour Sombreval, comme pour personne peut-être il n'avait jamais existé... Quand, depuis le jour où sur la butte du Mont-Saint-Jean ses soins sauvaient probablement la vie à cette mendiante, il l'avait mainte fois rencontrée, filant le long des Males Rues, colimaçonnée sur sa béquille, véritable et immonde escargot humain, rampant dans sa bave, car en marchant elle grommelait toujours, et il avait eu besoin de toute sa force pour résister à l'idée de la prendre et de l'étouffer sous son pouce, qui, de sa largeur, eût couvert une pièce de cent sous; puis, cette justice faite, de la laisser, elle qui, un jour, avait osé jeter à Calixte sa gorgée de venin! la face envasée dans l'ornière, comme un crapaud qu'on y aurait écrasé.

La vue seule de Julie la Gamase faisait pousser un regain de colère à cet homme froid! Lui si accoutumé à l'affront qu'il n'y pensait plus; devant qui, par insulte, les paysans gardaient leur chapeau sur la tête ; qui partout, aux foires, quand il y allait marchander un tonneau de cidre, ou aux Assemblées, quand les après-vêpres des dimanches, il en traversait une par hasard, avait entendu grincer contre lui tant de haines, indifférent comme la surdité! Lui, le même Sombreval qui, à Carentan, un certain soir, chez le vieux aubergiste Lévêque, avait vu tout le monde se lever de la table-d'hôte quand il était entré dans la salle, et pas un des quarantes convives ne vouloir rester à cette table où il s'assit tranquille dans la majesté du Dédain appuyé sur la Force, et où il soupa seul au milieu de ce désert de quarante couverts abandonnés, ne se sentait plus invulnérable quand il passait auprès de Julie la Gamase, cette pauvresse qui l'apostrophait avec furie, dès qu'elle l'avisait sur les routes, et dont il entendait longtemps encore, alors qu'il l'avait dépassée, s'enrouer derrière lui les tutoiements et les imprécations.

Il souffrait... A quoi donc tenait cette souffrance ?... Et elle, d'où venait aussi la folie de sa rage contre Sombreval ?...

Elle n'avait rien de personnel à lui reprocher... Au temps jadis, elle l'avait vu prêtre, correct et imposant, qui lui donnait gravement sa pièce de monnaie, quand elle le rencontrait, son livre noir sous le bras, entre Taillepied et la Blauderie, et cela pour elle aurait dû être un bon souvenir : mais ce souvenir se perdait, sans doute, sous l'amoncellement des affreux ouï-dire qui s'entassaient sur Sombreval, depuis qu'il avait abjuré.

Ce n'était pourtant pas une fille religieuse que Julie la Gamase. Elle ne l'avait jamais été. On l'appelait universellement une *créature de mauvaise vie*, et l'on disait que son jeune temps avait été aussi hideux que sa vieillesse. Quoique laide et scrofuleuse, le menton éternellement cerné de quelque bandelette, elle n'en avait pas moins tenté la fantaisie d'on ne savait trop quel habitant crapuleux du bourg de S...

car de telles œuvres s'accomplissent dans des ténèbres qu'il vaut mieux épaissir que percer, et on l'avait vue, — des années, — exemple étonnant d'un incompréhensible libertinage ! — portant dans ses bras un enfant informe, roulé dans des haillons en charpie ; et pâle, blafarde, les joues gonflées par cette jugulaire de linge taché de sang et de sanie, qui disait bien le mal dont elle était rongée, s'asseoir aux marches des perrons.

L'enfant mort du mal de sa mère, Julie la Gamase, aurait pu entrer à l'Hôpital, comme tout autre infirme du pays ; mais, plutôt que de s'enclore dans les douves de ce vieux et austère château fort du bourg de S..., dont on a fait la Maison des Pauvres, elle préféra souffrir, mourir de faim, mendier et tendre aux liards, qui n'y tombaient pas, sa main gercée. Elle préféra aux draps du lit de la charité les marches glacées de ces perrons, d'où elle guignait encore... le croira-t-on ? les hommes qui passaient, avec ces incorrigibles yeux dont les humeurs froides n'avaient pas éteint l'impureté !

C'est là, — c'est dans ce sans-souci d'un vagabondage, indolent et lâche, dans le rongement d'un mal qui ne tue pas toujours ; c'est dans cet horrible oisiveté, qui doit avoir un charme de mancenillier, puisqu'on aime mieux souffrir tous les maux et toutes les hontes de la vie que de sortir, par un effort, de cet infâme bonheur de croupir, que la vieillesse s'abattit sur elle comme un vautour, lui pluma son chignon, lui déjeta son cou, déjà troué par les écrouelles, et, la frappant aux reins coupables, lui courba, comme à une bête, la tête vers la fange... Seulement, en lui tordant le corps, la vieillesse, comme il arrive parfois, ne lui redressa pas l'âme, torse aussi, depuis bien longtemps, par le vice et par la misère.

Moralement la Gamase ne s'était pas amendée...

Nulle indignation de religion ou de vertu ne pouvait l'insurger contre Sombreval. Si elle le haïssait, Dieu seul qui voit le fond des âmes, savait pourquoi... Il y a peut-être des sentiments endémiques comme des maladies, et, quand ils s'emparent des âmes déjà décomposées, d'autant plus terriblement désorganisateurs.

A ce compte, Julie la Gamase aurait été l'expression la plus violemment putride de cette peste de haine furieuse dont Sombreval avait empoisonné la contrée. Comme une auge placée sous le larmier d'un toit, elle recevait toutes les averses de cette colère et de ce mépris qu'elle entendait rugir plus haut qu'elle; et de même qu'elle ramassait, pour sustenter sa misérable vie, les choses les plus ordes, les os que les chiens laissaient en tas devant les portes et les restes tombés des éviers, de même elle ramassait, dans ses rôderies et dans ses tournées, tous les mauvais bruits, tous les propos atroces ou infâmes tombés de toute bouche quand il s'agissait de Sombreval, et elle s'en faisait à froid, au dedans d'elle, une colère lentement amassée qu'elle lui déchargeait en plein visage, quand elle le rencontrait par les routes, et dont elle le poursuivait jusqu'à ce qu'elle l'eût perdu de vue, quand il lui tournait les talons.

Mais aujourd'hui il ne pouvait pas fuir. Elle le tenait bien en face ! Elle le tenait entre la Malgaigne, appuyée et comme clouée à son arbre, et les deux beaux enfants, assis au revers du fossé. La haine a ses éclairs. Il ne pourrait lui échapper. Elle était sortie du buisson qui la cachait, se tortillant comme une vipère prise dans un nœud et qui ne peut se redresser, et elle envoya à Sombreval son regard oblique. Elle avait entendu l'apostrophe de la Malgaigne, et elle répéta, en le corrompant dans son patois sauvage, ce mot d'*infanticide,* auquel la Malgaigne attachait un sens qu'une autre qu'elle ne comprenait pas.

— Effanticide ! effanticide ! fit-elle. Ch'é-t-y pas comme ch'a qu'ils nommaient, en chaire, l'autre jour, le roi Hérode ?.., Eh mais ! à qui qu't'en as donc, la Malgaigne ?... Tiens ! ch'est

à ta vieille accointance, l'abbé Sombreval !
Ch'est donc un Hérode, à présent !... Il a donc
ajouté à ses crimes reconnus, le crime d'Hérode ! Il a tué des effants ! Qui a renié Dieu
peut bien tuer ses créatures. Mais quels effants ?... ajouta-t-elle ardemment curieuse. En
v'là deux là-bas, sur la berge....

Et son index brun, à l'ongle verdâtre comme
celui d'une goule, se tendit vers Néel et Calixte, qui causaient entre eux et ne l'entendaient pas, ne la voyaient même pas.

— Ch'est les deux siens, car le fils au vicomte de Néhou n'est plus à son père. Ils lui
ont tourné l'esprit à eux deux, le prêtre et sa
gouge, et on dit partout qu'il va l'épouser.

Elle s'arrêta pour reprendre haleine. Sombreval, en l'entendant, avait ressenti ce tressaillement de nerfs qu'il retrouvait toujours dans
ses muscles à l'aspect de cette mendiante. Il fit
même un mouvement pour se replier devant
cette persécutrice à tout moment jetée, par un
hasard maudit, sur sa voie ; mais l'idée qu'elle
allait le suivre, et que Calixte pourrait avoir
l'ignoble spectacle qui une fois déjà avait offensé ses yeux purs, le retint.

— Quels effants a-t-il donc matrassés, puisque v'là les siens ?... reprit-elle. — Et comment
et pourqué ?... Dis-le donc, la Malgaigne. Ne
reste pas à mittan de dierie. Conte-mé tout,

ma fille. Ah! il a tué des effants itou, le prêtre Judas! Quoi! sans menterie! Les effants à qui?..... Ah! tu m'ards de curiosité, la Malgaigne. Parle donc, que je le sache et que je le crie *assassin* dans tout Ouistreham[1], et que je puisse voir, avant de mourir, sa vieille tête tonsurée, raccourcie, comme celle au Marquand, — le vendeur de droguet, — par le tranchet du bourreau!

Et elle se tourna, forcenée, vers la Malgaigne, et elle secoua brusquement par sa jupe l'immobile Silencieuse, dont la cape noire tomba sur les épaules et découvrit son visage, plus blanc que ses cheveux et ses grands yeux pâles de fantôme.

Alors la Malgaigne :

— Laisse-le, — lui dit-elle d'une voix triste, avec une pitié presque auguste, — laisse-le, Julie! et passe ton chemin, folle sans charité. Ne mets pas d'injure sur un cœur qui souffre. Le mal qu'il fait à sa fillette, par son impiété, ne te regarde pas.

— Ah! est-ce que tu te repentirais de ce que tu as dit? — fit la Gamase, trompée dans la curiosité de la haine. Est-ce que le cœur va te manquer? Est-ce que tu vas caler parce qu'il est là... et qu'il nous écoute? Mais parle!

---

[1]. Dans tout le pays de l'ouest, mot normand.

va ! dis bien tout ! Mais parle donc ! Oh ! je te locherai comme un arbre pour te faire parler ! Tu ne veux pas ? Es-tu têtue ? Tu n'es qu'une faillie. Tu blêmis. Tu as *poue*, caponne ! Il t'a donc maléficiée itou comme ce brin d'avoine folle de fils au Vicomte ?...

Eh mais ! que je suis assottie ! — reprit-elle après une pause en se ravisant, tu as p'têtre des raisons pour ne dire mot, la Malgaigne ? Qui sait et qui connaît le fin fond des bissacs du monde ?... Tu n'as pas eu toujours ta sagesse d'annuit[1]. Tu n'as pas toujours usé ta jupe sur les dalles des églises, té non p'us ! Je l'ai ouï bien des fois et aux douis et aux batteries de sarrasin, et partout, que tu avais fait bien des *mystereries* dans les temps avec Jean Gourgue, dit Sombreval, devant qu'il ne fût prêtre. Tu avais encore de la jeunesse, dans ces temps-là. Quand il n'était plus un garçonnet, g'li, tu n'étais pas encore si rafalée ! Les coudriers des bois de la Plaise ne sont pas si loin de Taillepied, et les jours qu'on ne va pas en journée, les après-midi sont si longues ! Nous autres femmes, nous gardons toujours une faiblesse pour l'homme qui nous fait connaître la vie....et il a p't-être été pour toi c'ti-là, la Malgaigne ? Et pourqué pas ? Il

---

1. D'aujourd'hui.

était bien capable de tout, c't abbé Sombreval !

La Gamase reprit haleine encore. Sombreval avait levé son houx, puis il en avait abaissé le bout vers la terre, — et regardant la Malgaigne avec le haussement d'épaules d'un homme qui dévore une colère :

— Voilà ce que tu me vaux ! fit-il amèrement. Mais elle, toujours calme :

— Après ? — dit-elle. — J'ai partagé avec toi l'injure qu'elle te jette ; et toi, Jean, tu es un homme. Laisse-la dire. C'est une tête perdue. Méprise-la comme le bruit des Elavares et leur fumée ! Ne la touche pas ! Qu'est-ce que cela te fait ? Ta fille n'entend pas !

— Ah ! reprit Julie la Gamase, que le calme de la Malgaigne irritait comme l'eau irrite l'incendie quand elle ne l'éteint pas, j'sis une tête perdue parce que tu as eu un coup de langue de trop, la Malgaigne ? Eh ! que nenny dà ! je n'l'ai pas perdue, la caboche ! J'entends à cat sans dire minet. C'est té qui l'as crié assassin et effanticide, l'abbé Sombreval, et j'l'soutiendrai par devant la justice quand il le faudra. Assassin ! assassin ! hurla-t-elle, forçant sa voix exaspérée ; tueux d'effants !

— Oh ! je sais, — fit-elle, se ravisant pour la troisième fois et toujours plus affreuse dans son dernier mouvement que dans les autres, — oh ! je sais à présent les effants qu'il a tués ; ton vieux débaptisé de prêtre ! Y a longtemps que j'en avais doutance. Ce n'est pas pour rien qu'il s'est arretiré dans le château des Quesnay et qu'il y vit, comme une bête des bois, avec sa fumelle. Il aura fait comme les bêtes des bois, et puis, le crime commis, il aura fallu cacher, l'effant itou ! et les vases de l'étang sont sans fond... Bien des corps d'effant y tiendraient à l'aise... C'hest-t-y cha que tu voulais dire, la Malgaigne, quand tu l'appelais effanticide ?

Et elle se prit à rire si fort que Calixte de loin l'entendit.

Mais Sombreval, devenu vert comme un bronze florentin à force d'être livide :

— Prends garde ! — balbutia-t-il avec un tremblement dans la voix qui ressemblait à de la paralysie, — prends garde ! je puis tout entendre sur moi, mais pas... pas sur elle...

— Qui, elle ? Ta.., ! Et le mot, le mot infamant, elle le cria d'une voix que la haine et la fureur poussées juusqu'au délire firent monter aux notes les plus aiguës ; — et, comme le tigre quand il a touché au sang, quand la Gamase eut touché à cette boue, elle s'y roula, elle ne s'arrêta plus, et elle le recracha, ce mot qui impliquait deux crimes et qui en accusait la vierge du Quesnay, en la souillant de la plus immonde des appellations !

Et ce mot sanglant, elle allait le répéter

encore, quand, à un geste de Sombreval, qui s'était précipité vers elle, sa bouche ouverte se ferma, et elle tomba, la face dans la terre labourée, morte, tuée, sans que Sombreval eût mis seulement la main sur elle.

— Oh ! — fit la Malgaigne rigide d'horreur, — Dieu l'a punie !

— Dieu, c'est moi ! — dit Sombreval terrible. Il tenait dans sa main une petite fiole prise dans sa poche de côté et qu'il avait de l'ongle débouchée pendant que la mendiante parlait. C'était ce flacon qu'il lui avait planté sous le nez quand il s'était approché d'elle et qui l'avait tuée comme une balle.

— Elle était froide avant d'être tombée, fit-il. Un pareil poison vaut la foudre. Une goutte peut tuer, en un milième de minute, mise aux naseaux du plus fort taureau.

La spectrale Malgaigne ne pouvait pas devenir plus pâle, mais un frisson passa à la racine de ses cheveux, blancs comme la chaux.

— Encore un crime à ton compte, Jean ! — dit-elle gravement, en lui montrant le ciel.

— J'ai sauvé Calixte de l'outrage, répondit-il presque fier. C'était son excuse, à ce père ! Et l'homme d'idées s'ajoutant au père, — l'homme d'idées, qui avait souvent gourmandé le matérialiste Cabanis de sa pusillanimité de philosophe, quand il avait refusé l'opium libérateur aux douleurs désespérées de Mirabeau, dit profondément, comme s'il eût médité tout haut :

— Non-seulement j'aurais été un lâche, mais un imbécile d'hésiter !

D'une main se tenant à son bâton, la Malgaigne, accroupie, retournait le corps de Julie la Gamase.

— Va ! elle est bien morte, dit Sombreval. Tu n'y trouveras plus signe de vie... ni trace de mon poison non plus ! Demain, la Justice viendra faire la *levée du cadavre*, comme ils disent; et ce qu'elle trouvera défiera son œil et le scalpel de son médecin. Ils s'en retourneront comme ils seront venus ! Nul que toi et moi ne saura le secret de cette mort subite. Il est donc dit, ma vieille mère, qu'il y aura toujours des secrets entre nous !

— Vère ! répondit-elle, pensive. Ma vie est nouée à *drait nœud* dans la tienne, Jeannotin !

— Vois ! — reprit-il, touchant de son bâton de houx les joues de la morte. Voilà les taches bleues qui annoncent que la décomposition commence. Elles peuvent venir, la Justice et la Science ! Il n'y aura plus ici qu'un monceau de boue demain matin !

— Mais dans ton cœur qu'y aura-t-il, Jean ? fit ardemment la Malgaigne en se relevant, — le long de son bâton, — toute droite, comme si elle eût été l'image de la Conscience vivante qui se fût rélevée devant lui.

Il ne répondit pas. Étant ce qu'il était, pouvait-il dire à la Malgaigne que, quand les hommes comme lui, sans croyance religieuse, acccomplissent un acte résolu et utile, si atroce que cet acte paraisse à la morale des autres hommes, ils n'éprouvent jamais de remords ?...

Pourtant après une pause :

— Il n'y aura dans mon cœur, dit-il, que la certitude de pouvoir prendre mon enfant dans mes bras, sans qu'elle ait peur de la poitrine de son père ! J'ai tué cette femme pour tuer sa langue, pour être bien sûr que l'infâme propos mourrait avec la bouche qui l'a prononcé !

— Mais en es-tu sûr, Jean ? dit la Malgaigne.

Il tressauta comme un sanglier blessé.

— Ah! ma mère, s'écria-t-il, ne me cache rien ! Tu sais quelque chose... Parle ! parle ! que sais-tu ? La misérable que voilà morte n'aurait-elle été qu'un écho ?...

— Non! fit la Malgaigne, je ne parlerai pas. Les enfants, d'ailleurs, se lèvent de leur berge. Ils vont tout à l'heure nous rejoindre, et il ne faut pas qu'ils voient le cadavre ! Retourne vers eux et entraîne-les au Quesnay. Moi, je vais rester là à prier ; puis j'irai chez le curé de Néhou, et je lui dirai que j'ai vu ici la Gamase morte. Il ne s'en étonnera pas. C'était une pauvresse assez vieille pour finir dans le premier fossé venu.

Mais toi, Sombreval, sois au Quesnay demain, à quatre heures... et tu sauras alors, malheureux homme, si tu n'as pas mis sur ta conscience un crime de plus, — un crime inutile ! — Tu es bien fort, Jean, mais Samson l'était plus que toi, et avec toute sa force il mourut sous les piliers et la toiture du temple, que sa force avait renversé !

XIX

E jour suivant, Sombreval, livré à l'anxiété que les dernières paroles de la Malgaigne avaient excitée dans son âme, regardait à travers la vitre d'un des grands œils-de-bœuf de ce laboratoire qu'il avait placé dans les combles élevés du Quesnay. De là, la vue s'étendait au loin dans la campagne. Il regardait involontairement du côté que la Malgaigne avait coutume de prendre, quand elle s'en venait de Taillepied ou qu'elle y retournait de Néhou.

« Si c'est elle qui doit venir chez moi, il y

aura donc plus fort que son entêtement et ses superstitions ? » pensait-il.

Et comme il la connaissait, il frémissait alors, car c'était quelque chose de bien souverain, de bien irrésistible, qui avait pu briser cet entêtement et l'arracher au fanatisme de ses superstitions.

Qu'était-ce donc ?... L'atroce injure de la Gamase, qu'il lui avait fait rentrer dans la gorge en la tuant, lui révélait quelle tare affreuse était probablement à la renommée de Calixte : mais il ignorait encore l'étendue du mal et il allait mesurer la largeur de cette gangrène d'infamie qui dévorait, sans qu'il le sût, le nom de sa chaste enfant. Vivant comme il vivait dans ce château dont les pierres, depuis qu'il vivait, semblaient avoir la peste ; isolé au sein de ce pays, qui le regardait passer comme un fléau, et qui se rangeait, mais non de respect, sur son passage ; plus seul au milieu des relations forcées de la vie qu'entre ses vastes lucarnes du Quesnay, sur leur désert d'ardoises, Sombreval ne savait rien, car sa présence faisait partout le silence d'abord, — puis bientôt le vide.

Quand on lui avait répondu en deux mots, le plus brièvement qu'on pouvait, on s'en allait. Pour l'outrager, on attendait qu'il ne fût plus là : mais devant lui, bouche cousue. Personne que cette *tête perdue* de Julie la Gamase, comme l'avait appelée la Malgaigne, n'avait osé dire d'injure nettement articulée à Sombreval. Prudence de la lâcheté humaine! La poitrine de cet homme était trop large pour qu'on le frappât dans cette poitrine : on l'assassinait par le dos.

Mais ce n'était pas la Malgaigne qu'il aperçut sur la route, passant à la tête de l'étang. Ce fut le curé de Néhou qui s'en vint ouvrir la barrière et sonner au perron du Quesnay. Il avait déjà sonné à cette porte depuis qu'elle appartenait à Sombreval. Avant la chute de Néel qui fit accourir au Quesnay le vicomte Ephrem et les Lieusaint, l'abbé Méautis était certainement, — Néel excepté, — le seul homme des dix-sept paroisses environnantes qui eût monté les marches de ce perron où les pauvres mêmes ne s'asseyaient plus ; et il n'y était pas venu seulement dans sa tournée pastorale, cette visite annuelle que tout curé doit à ses ouailles. Il n'y était pas venu uniquement pour Calixte, sa chère pénitente, et pour lui rendre compte des aumônes qu'elle répandait par sa main.

Non, il y était venu pour Sombreval lui-même, — dans un esprit profondément sacerdotal! Aux yeux du bon pasteur, — pensait-il, — la brebis galeuse ne doit-elle pas être la plus intéressante du troupeau? Mais sous un prétexte ou sous un autre, quand l'abbé Méautis paraissait au Quesnay, Sombreval s'éloignait aussitôt avec une politesse pleine de froideur. Il le laissait avec Calixte. Ce prêtre en soutane devant lui opprimait-il cette âme si forte, cet esprit si sûr de son fait? Qui pouvait le savoir? Ce qui était certain, c'est qu'il n'aimait pas à rester avec l'abbé Méautis et qu'il l'évitait.

Mais aujourd'hui il ne l'éviterait pas, Sombreval avait ordonné au nègre Pépé de faire monter dans son laboratoire la personne qui viendrait le demander dans la relevée. Or, en la recevant dans cette retraite, il avait sa pensée. Il ne voulait pas être à la portée de Calixte, qui ne devait pas entendre ce qu'on allait dire sur elle, puisque c'était d'elle, la malheureuse! qu'il s'agissait. Calixte ne se hasarderait guère à monter dans l'officine aérienne de son père. Elle n'aimait pas à le voir plongé dans les sciences physiques, — qui l'avaient perdu, pensait-elle, — et dans lesquelles il se précipitait avec plus de fureur que jamais, pour lui rapporter, à elle, cette flamme de vie dont le secret n'y était pas.

— Excusez-moi, monsieur le curé, — dit Sombreval, — de vous faire monter aussi haut, mais vous venez, je m'imagine, pour des choses qui ne doivent être entendues que de vous et de moi, et ici, — sous ce toit, — nous sommes en sûreté.

Et il approcha une chaise gothique à l'abbé Méautis, qui essuyait son font calme, mouillé de sueur, et qui s'assit en jetant autour de lui dans cet appartement le genre de regard qu'il aurait eu dans l'antichambre de l'enfer.

Et n'en avait-il pas un peu l'air, pour ce pauvre curé de campagne, qui, de sa vie, ne s'était vu dans un laboratoire de chimie ?... Ignorant de tout, excepté de la science divine qui lui servait à éclairer le cœur de l'homme, ce prêtre, élevé à la charrue, et qui n'avait appris au séminaire de Coutances que le latin et un peu de théologie, suivant l'usage d'alors, cet humble docteur qui aurait pu s'appeler le *docteur Séraphique*, aussi bien que celui qui, dans l'histoire de l'Esprit humain, porte ce doux nom, ne fut point sans étonnement et même sans je ne sais quel vague effroi, quand il se vit entouré, dans le cabinet de Sombreval, de toutes ces choses de formes bizarres, compliquées, presque monstrueuses pour qui n'en connaît pas l'usage, et qui sont les instruments du chimiste ou ses véhicules, dans ses mystérieuses et souvent terribles manipulations.

Les cornues, les alambics, les piles de Volta se dressant de tous les points de la chambre ;

les innombrables appareils qui ressemblent à des armes chargées, bourrées, près d'éclater, de vomir la mort ; ces réservoirs étranges, ces vases inouïs, aux lignes et aux contours fantastiques, chimères d'airain où de cristal, les uns avec de longs cous qui s'allongent ou qui se replient comme des serpents, les autres avec des ventres de bêtes pleines qui vont mettre bas, lui parurent une ménagerie immobile, mais menaçante, d'animaux d'un autre monde, figés momentanément par une puissance suprême, mais apocalyptiquement hideux.

L'abbé Méautis avait la vive imagination d'un poète, et le passage subit du plein jour du dehors au clair obscur de cette vaste mansarde sombre favorisait une telle illusion. Les beaux ovales des fenêtres, un peu penchés, qui soutenaient si noblement le toit à pans coupés du Quesnay, et qui auraient dû laisser passer à flots la lumière, l'arrêtaient au contraire, tant la poussière du charbon, toujours allumé sous le fourneau de ce Souffleur éternel, comme l'avait appelé le vicomte Éphrem, avait terni leur vitre dépolie ! Bistrée par cette fumée incessante, tachetée sur le stuc de ses parois par les mordants et les acides, cette immense mansarde, au plafond noirci, au pavé de briques rousses et luisantes, couvertes d'une poussière qui ressemblait à de la limaille de métal, était âprement éclairée, à deux ou trois places, de la rouge flamme qu'on voyait par le soupirail des fourneaux et dont le reflet rampant sur le sol ne montait qu'à la hauteur des plinthes.

Ces fourneaux couverts de trépieds, surmontés à leur tour de vasques ou d'appareils, qui déconcertaient, par la complication de leur forme, l'imagination du prêtre qui les voyait pour la première fois, les bouillonnements, les frémissements des matières soumises à l'action du feu et qui susurraient alors d'un susurrement sinistre, comme si elles s'impatientaient d'être contenues en ces métaux incandescents qu'elles pouvaient briser; cette atmosphère saturée de l'odeur des gaz, tout ce que voyait, entendait, respirait l'abbé Méautis, lui paraissait marqué d'un caractère diabolique... Il était bien chez Sombreval.

Jusque-là, au Quesnay, il ne s'était senti que chez Calixte. A présent il *se sentait* chez l'homme qui faisait peur à toute la contrée. Dans ce milieu, il le comprenait davantage. Il l'y voyait aujourd'hui, en sayon de travail, le cou nu, la face noircie, les cheveux brûlés par un phosphore qui s'était enflammé dans ses mains et dont la flamme avait sauté à sa figure dans les expériences du matin.

Préoccupé de ce qui menaçait Calixte, Sombreval avait manqué d'attention et il avait failli avoir les yeux dévorés et le crâne emporté, — et ces cheveux brûlés et ce front labouré par le feu, qui y avait laissé ses excoriations ardentes, le faisaient mieux ressembler à ce qu'on disait qu'il était, — un Démon !

Mais les sensations de l'abbé Méautis ne durèrent pas, et la grâce et la charité essuyèrent bientôt, de leurs deux mains lumineuses, les apparences qui avaient troublé une seconde la limpidité de sa raison.

— Je serai bien partout où vous voudrez m'entendre, monsieur Sombreval, fit-il avec cette voix onctueuse et pénétrante que Dieu, pour mieux toucher les cœurs, lui avait mise dans la plus délicate poitrine : car Dieu fêle quelquefois l'argile où il dépose le parfum, pour qu'il soit plus précieux.

Et il s'arrêta, l'odeur des gaz le faisant tousser.

— Mais il faut que vous puissiez parler ; c'est juste ! — dit Sombreval ; — tout le monde ne peut pas respirer dans l'antre enfumé d'un vieux chimiste. — Et brusquement il leva l'espagnolette d'une des deux lucarnes, qui s'ouvrit, et par laquelle s'enfourna une masse d'air pur et de lumière, qui ranima le prêtre et arrêta sa toux. On était aux premiers jours d'avril. Le soleil, entré par la lucarne, frappa en biais, d'un rayon qui fit étinceler dans leurs flacons et dans leurs fioles, sur leurs tablettes d'ébène, toutes ces substances de mort et de vie, tous ces poisons et tous ces filtres aux couleurs variées, qui sont la base de la couleur elle-même, sur la palette des Rubens et des Tintoret!

— Je sais, continua Sombreval, — pourquoi vous êtes venu, monsieur le curé. La grande Malgaigne, qui m'a servi de mère pendant mon enfance, a pour ma fille l'amour qu'on a pour la fille de son enfant; et c'est elle qui vous envoie à moi, dans l'intérêt de cette enfant, si chère à tous les deux...

— Oh! dites à tous les trois, monsieur, interrompit l'abbé. Je suis aussi le père de mademoiselle Calixte, le père spirituel de cette âme chrétienne. Et, quoique vous ayez préféré à cette paternité celle de la nature, vous avez su, un jour dans votre vie, combien elle est aussi puissante! Pardon! ajouta-t-il avec la frêle rougeur aux pommettes que la peur de la peine étend sur les joues des êtres délicats, quand ils touchent à des sujets blessants, — pardon de réveiller des souvenirs... pénibles, mais, puisque vous savez pourquoi je suis venu ici, vous comprendrez que je ne puisse me dispenser de toucher à ces malheureux souvenirs. Est-ce que, si vous n'étiez pas ce que vous êtes, j'aurais à vous dire et à vous apprendre ce que je dois vous dire et vous apprendre aujourd'hui ?...

— C'est vrai, monsieur, — dit Sombreval en baissant ses redoutables yeux pour ménager la timidité adorable de ce prêtre, qui avait peur de lui faire mal ; — c'est vrai, monsieur ce que vous dites ! et je le comprends si bien que vous n'avez besoin d'aucune précaution de bonté ou de charité avec moi. Tenez, simplifions tout. N'en prenez aucune. Ne pensez qu'à Calixte en me parlant ; comme moi, je ne penserai qu'à elle en vous écoutant ; et, quoi que vous disiez de moi, monsieur, soyez tranquille : le père de la nature l'aura pardonné sans peine au père de la grâce, puisqu'il s'agit de leur enfant à tous les deux.

— Que votre volonté soit donc faite, monsieur ! reprit le curé, touché à son tour. — Vous avez raison ! Ne pensons qu'à sauver la précieuse enfant, qui est peut-être le rachat d'une grande faute aux yeux de Celui qui est tout miséricorde et pardon. Dieu seul connaît ses voies, et nous ne sommes pas dans le secret de ses desseins. Mais, lorsque la plus sainte innocence, la plus pure et la plus aimable vertu est exposée au plus cruel et au plus immérité des supplices, notre devoir à nous, créatures de pitié, n'est-il pas d'empêcher, dans la pauvre mesure de nos forces, les cruautés du sacrifice ? Celui-là qui n'aurait arraché qu'*une seule* épine à la couronne du divin Condamné n'aurait-il pas bien fait, même aux yeux du Dieu qui l'abandonnait à ses bourreaux ? Votre fille, monsieur, souffre par vous... hélas! oui, par vous qui l'aimez... Ah! je sais combien vous l'aimez! Mais cette douleur-là, personne que vous ne peut l'empêcher, et l'heure malheureusement n'est pas venue où vous le voudrez... Seulement, monsieur, dans cette douleur, faite de tant de souffrances et qui lui vient de vous, — car elle lui vient de vous! — il y en a que vous pourriez pourtant ôter, et il resterait encore assez d'épines comme cela à sa couronne!

Il s'arrêta et il regarda Sombreval, qui n'avait pas relevé les yeux et qui lui dit avec douceur :

— Pourquoi donc vous arrêtez-vous ? Continuez, monsieur. Vous le voyez, je vous écoute.

— Eh bien, monsieur, — reprit le prêtre raffermi, — qui avait les finesses du bien qu'il voulait faire comme il avait les pitiés du mal qu'involontairement il pouvait causer, vous n'ignorez pas quel scandale immense a produit, quand vous avez acheté le Quesnay, votre réapparition dans ce pays religieux encore, que vous aviez quitté prêtre et où vous reveniez au bout de quelques années... avec une enfant ! C'a été comme un coup de foudre! L'enfant, il est vrai, par le fait de circonstances que j'appellerai miraculeuses, avait la foi et les vertus qui criaient grâce! pour son père et pour elle, — pour elle qui n'a pas besoin de pardon, qui n'a fait que le bien depuis qu'elle respire! Mais sa foi, ses vertus, le bien qu'elle a fait, le bien de l'exemple qu'elle a donné, le bien de l'aumône qu'elle a répandue par mes mains, à moi, « parce que l'aumône, disait-elle, humiliait les pauvres par les siennes, » tous ses mérites qui sont devant Dieu comme les lis splendides devant le soleil, n'ont pas été vus par ce pays, qui n'a les yeux que pleins de vous, monsieur, et pour qui elle n'est et ne sera jamais...

— ...Que la fille d'un prêtre! interrompit Sombreval avec une gravité triste, mais sans ironie; finissant la phrase de l'abbé Méautis, qui s'était arrêté encore, hésitant comme il hésitait quand il allait prononcer le nom de mère, et plus longtemps peut-être, car, en prononçant ce nom de mère qui lui rappelait l'effroyable misère de la sienne, c'était lui qui souffrait, tandis qu'ici c'était un autre qui pouvait en souffrir!

— Oui, monsieur, que la fille d'un prêtre, — reprit l'abbé, — et d'un prêtre marié, devenu impie, — d'un homme qui n'avait pas seulement commis un grand crime, mais qui avait essayé de le consacrer par une loi, et, comme on dit dans la langue d'un monde athée, qui l'avait *légalisé!* Or, monsieur, pour les âmes fidèles, le prêtre marié est plus révoltant et plus criminel que le prêtre tombé, n'importe dans quelle fange! plus criminel que le prêtre concubinaire lui-même, contre lequel tous les conciles ont prononcé tant d'anathèmes et de châtiments. Et vous qui êtes un grand esprit, monsieur Sombreval, et qui savez la haute raison, sociale et religieuse, de cette différence, ce n'est pas vous qui en nierez jamais la réalité! Ce ne sont pas les crimes de la chair, mais ceux de l'esprit, qui sont les plus grands. Un prêtre tombé est un grand pécheur qui peut se relever, en s'appuyant sur la loi qu'il a méconnue, mais un prêtre marié a corrompu jusqu'à la notion de loi, en en invoquant une à l'ombre de laquelle il a coulé son crime, et en s'établissant, grâce à cette loi, dans son péché, comme dans une forteresse. Ah! ce n'est pas nous, prêtres chrétiens, qui pouvons diminuer l'horreur des fidèles pour de tels scandales! mais l'eussions-nous tenté pour vous, — à tous tant que nous sommes dans les paroisses d'alentour, nous y aurions échoué, monsieur Sombreval! Tout notre effort eût été stérile. L'horreur et l'indigation ne pouvaient être diminuées. Vingt fois, cent fois, vous les avez senties devant vous, derrière vous, exprimées par ces populations révoltées contre vous qui êtes le plus grand des coupables... un sacrilège! Vous les avez senties jusque dans l'église où vous avez encore le courage d'accompagner votre enfant. Vous avez vu que là même, — dans la maison de Dieu, — si l'on ne se retirait pas de vous et d'elle, on avait, en vous entourant, l'attitude morne qu'on a autour des condamnés sur leur échafaud. Vous avez pris cela, vous, en homme fier et d'âme robuste, et votre enfant en âme dévouée qui se dit à chaque nouvelle angoisse : « Je suis l'expiation de mon père ! » et je comprends cela pour vous et pour elle. Ah! elle! Calixte a été ce qu'elle est toujours, et vous... ce que vous êtes aussi! Mais, monsieur, l'horreur, qui ne faisait que vous maudire, s'est mise tout à coup à vous accuser. Elle vous accuse, mais elle ne vous accuse pas tout seul! Vous pouvez mépriser assez les hommes pour ne pas craindre de vous voir traîner par eux sur la claie de l'ignominie, mais le déshonneur de votre fille, monsieur, êtes-vous de force à le supporter?

Sombreval pâlit. Il avait présente à l'esprit l'injure de Julie la Gamase... Comme un martyr qu'on va frapper à la même place où il a déjà été frappé, il se roidit pour entendre une seconde fois... cette chose qui avait coûté la vie à celle qui l'avait prononcée et qui avait fait de lui, pas plus tard qu'hier, un meurtrier !

— Vous pâlissez, monsieur, reprit doucement

l'abbé, qui ne vit, dans la pâleur de ce malheureux, dont la Malgaigne lui avait dit l'énergie, que l'immensité de son amour pour Calixte, mais la pensée qui vous fait pâlir n'est pas, à coup sûr, aussi affreuse que ce qu'on invente ! A l'heure qu'il est, monsieur, votre enfant, votre virginale enfant, est déshonorée ! et abomination de la désolation ! c'est de vous, son père, qu'on se sert pour la déshonorer !

Le coup avait porté au même endroit que la veille, mais Sombreval n'avait plus sa colère. Il baissa la tête.

— Oui, c'est de vous qu'on se sert, répéta le curé, pour la déshonorer, et pardon encore pour ce mot-ci !... Mais non ! fit-il avec l'horreur de sa pensée ; je ne le dirai pas... Vous m'avez compris !

Et l'abbé Méautis, qui croyait apprendre quelque chose d'accablant à Sombreval, se tut, cherchant plus de surprise qu'il n'en trouvait sur le vaste front, entamé par le phosphore, et que la foudre d'une telle révélation ne brisait pas !

— Monsieur le curé, — dit avec un soupir Sombreval au prêtre en lisant d'un regard dans ce cœur, diaphane de simplicité, — ne vous étonnez point. Je savais ce que vous croyez m'apprendre. Hier, un mot lancé et que j'ai puni a été l'éclair dans le gouffre. Mais aujourd'hui je veux savoir la profondeur du gouffre, et pour cela j'ai compté sur vous. Vous m'y ferez descendre. Moi, je ne sais rien, voyez-vous ! Je ne sais rien de ce qui se passe dans ce pays, muet, devant moi, de terreur et de haine, au fond de ce château qui ressemble à un repaire de lépreux, et pire encore, car on ne touchait pas les lépreux, mais on leur parlait !

Les loups de la Plaise sont moins isolés dans le fourré de leurs bois que moi ici, mais vous, monsieur le curé, vous êtes un digne homme, un homme de vérité, un bon prêtre... Eh bien, répondez-moi, en votre âme et conscience, monsieur ! Cet absurde bruit... ce bruit monstrueux... où en est-il dans la créance de ce pays qui parle sans que je l'entende et qui vomit de telles exécrations contre moi ? N'est-ce encore qu'une rumeur ? un premier sifflement de la calomnie qui va redoubler ?.. la première tache à la robe de mon enfant ? ou est-ce plus ?... Faites-moi toucher le mal, — tout le mal, monsieur le curé ! Mettez-moi la main dans la plaie ! Vous ne savez pas combien je désire connaître tout dans ce désastre, ni pourquoi je le veux, mais, par le Dieu vivant auquel vous croyez, — fit-il avec une effrayante énergie, — je le veux !

Et il avait mis la main sur le bras du curé, en lui disant ces paroles, avec un son de voix si impérieux et si vibrant, que le doux abbé crut à quelque vengeance dont l'idée saisissait le cœur de ce Titan déchiré.

— Ah ! monsieur, — répondit le prêtre avec une mélancolie désarmante, en posant sur la main, musculeuse et poilue, de Sombreval, sa main, effilée et blanche, qui ressemblait à celle de ces Anges que l'on peint, les mains jointes et en dalmatique, à la marge des missels, — le mal est bien grand et il est partout ! Il n'y a plus personne à qui vous en prendre de ce bruit horrible qui court sur vous et sur votre fille ! Il faudrait vous en prendre à tous ! Cela s'est dit longtemps à l'oreille, et tout bas... puis, plus haut... puis, cela a grondé, et s'est élevé comme un tonnerre, et enfin présentement cela mugit dans tout Ouistreham, depuis Portbail jusqu'à la Hague, et depuis Saint-Vaast jusqu'à Jobourg !

— Les imbéciles ! — s'écria Sombreval, en levant ses puissantes épaules dans le courroux d'un inexprimable mépris. — Ils ont raison de penser tout de moi ! de me croire capable de tout ! Je suis un prêtre qui a renié Dieu, et qui a renié Dieu peut bien être, pour ces âmes-là, l'oppresseur et le corrupteur de sa propre fille, et l'avoir souillée, comme Cenci voulut souiller la sienne... Vous savez cette horrible histoire, monsieur le curé ? Oh ! moi, j'ai pu tout oser, tout consommer ! C'est de la logique humaine. Je suis plus pour eux qu'un démon, je suis l'Enfer !!!

Mais Calixte ! mais Calixte ! cette lumière d'innocence ! ce cristal de roche de pureté ! cette pauvre et charmante martyre, qui croit le même Dieu qu'eux, qui mange le même Dieu qu'eux, à la table de la même communion ! Elle ! qu'elle, cette créature de dilection, cet agneau qui, comme celui de votre autel, monsieur le curé, vit couchée aussi sur une croix, ne soit pas seulement la victime des hideuses passions de son père, mais qu'elle les partage, ah ! les imbéciles et les fous ! Ils ne l'ont donc jamais regardée ! Et pourtant, ils l'ont assez vue dans leur église, à genoux, devant vous, qui l'aviez absoute et bénie et qui lui mettiez leur Dieu sur les lèvres, sans que la main vous tremblât, à vous prêtre, de l'idée que ce Dieu, votre juge et le sien, descendait dans ce cœur impur, qui avait menti pour être absous...

— Oh ! monsieur, oui, c'est insensé, — fit l'abbé Méautis, pressé d'interrompre cette colère juste, et qui souffrait de l'impiété farouche qu'on sentait vibrer à travers ce paternel amour, — oui, c'est insensé, mais, tout insensé que ce puisse être; si de tels propos, un tel bruit venaient, par un hasard impossible à prévoir, frapper l'oreille de votre Calixte, car on se tait devant vous, monsieur, mais c'est un silence chargé de sentiments terribles et qui peut éclater un jour, que deviendrait-elle sous le coup de lanière d'un tel outrage, reçu en plein visage. et en plein cœur ?...

— Elle mourrait, monsieur, — dit Sombreval, qui recommença de pâlir et dont les yeux frissonnèrent, — il n'en faudrait pas tant pour la tuer. Dans l'état de santé qne vous lui connaissez, elle ne résisterait pas, cette enfant, née malade, victime avant d'être née des émotions qui ont tué sa malheureuse mère, et qui n'a vécu jusqu'ici que grâce à la science et à moi. Calixte est dix fois mon enfant, monsieur le curé, car depuis qu'elle existe, je l'ai dix fois sauvée, dix fois arrachée à une mort que les médecins disaient certaine ! Je me suis enfermé ici, entre ces fourneaux, — au milieu de ces appareils où j'ai passé ma vie, penché sur ce creuset, quand je ne suis pas avec ma chère malade, cherchant avec plus d'acharnement que les anciens chimistes ne cherchèrent jamais leur pierre philosophale, que Lavoisier, avec qui j'ai travaillé dans ma jeunesse, ne chercha jamais son diamant dans le carbone, une combinaison de substances, une rencontre de fluides qui soit une goutte de vie pour elle, — qui puisse raffermir et tonifier cette existence effrayante de fragilité, toujours sur le point de se dissoudre !

Je ne l'ai pas trouvée, mais je la trouverai ! Voilà, à moi, mon diamant, ma pierre philosophale ! sauver cette enfant qui est mon Dieu et mon Paradis à la fois ! ma fille qu'ils ne me tueront pas ! que je ne veux pas qu'ils me tuent entre mes bras et sur mon cœur, avec leur épouvantable calomnie ! Ah ! j'aurais lutté pendant plus de dix-huit ans contre cette force mystérieuse de la destruction, et ce serait pour voir périr cette noble créature sous la boue du pied de ces brutes ! Non, monsieur le curé, cela est impossible ! Ils ne me la tueront pas ! Je suis plus sûr de cela que de mon creuset. L'amour est plus fort que la mort. Il sera plus fort que la haine !

— Et comment ferez-vous, monsieur, reprit l'abbé, pour faire tomber ce bruit immonde qui plane sur vous ; pour effacer de votre seuil l'effroyable inscription qu'y tracent chaque jour tant de mains lâches et invisibles : « Ici, c'est la maison du sacrilège et de l'inceste ! »

— Ce que je ferai ?... dit lentement Sombreval.

Il se mit à marcher dans le laboratoire, les mains derrière le dos, la tête toujours basse :

— Mais vous, dit-il, que me conseilleriez-vous, vous qui, en ce moment, devez avoir la tête plus froide que la mienne ?...

Et il s'arrêta, — le front haut, devant l'abbé,

le traversant de ce regard que, dans toute cette entrevue, il lui avait épargné.

— Moi ! — dit en se levant, surpris de la question, ce pauvre curé dont la surprise montrait la modestie. Hélas ! monsieur, je n'ai jamais cru à l'efficacité des conseils, et cependant on les doit à qui les demande. Le conseil, c'est ce qu'on ferait soi-même. Eh bien, ce que je ferais à votre place, monsieur ? Je me séparerais de ma fille.

— Ah ! — fit Sombreval qui tressauta, puis resta rigide, comme s'il avait été cloué sur place par un couteau.

— C'est cruel, je le sais, — fit gravement le prêtre, — mais, sur mon salut éternel, je ne crois pas que vous puissiez rester plus longtemps avec votre enfant dans cette solitude... Il faut répondre à la clameur de toute la contrée par un de ces faits contre lesquels il n'y a pas d'argument. Séparez-vous de votre fille, monsieur Sombreval, donnez-la à garder au Seigneur ! — Au Seigneur tout seul ! Mettez-la au couvent des Ursulines de Valognes. Vous irez la voir toutes les semaines, — deux fois par semaine, si le cœur vous fait par trop mal, mais vous la verrez au parloir, et sous les yeux d'une religieuse qui jugera de ce qu'est le père en vous. Une telle séparation sera une réponse. L'opinion du pays en sera bientôt transformée, et moi, monsieur, et mes confrères, nous ferons alors ce qui sera humainement possible pour effacer jusqu'à la trace de ces épouvantables bruits !

— Merci, monsieur, — dit Sombreval ému, — merci ! Mais, permettez-moi de vous le dire, je suis plus vieux que vous, et je connais mieux la nature humaine. Puisque le mal est aussi grand que vous me l'apprenez, votre conseil ne suffirait pas, quand je le suivrais. Il faut plus qu'une séparation momentanée. Peut-être en faudrait-il une éternelle... Tenez ! le geste que vous venez de faire me dit bien que vous le pensez... Les demi-mesures ne remédient à rien dans des extrémités si désespérées... Comment ! ils la voient communier et ils osent !.. Ah ! le couvent, ils n'y croiraient pas davantage ! Tant que mon ombre sera sur elle, c'est cela qu'ils verront. A leurs yeux, elle sera toujours noire de mon ombre et de mon péché. C'est donc cela, c'est donc moi qu'il faudrait ôter de sa vie ! Ah ! je l'aime assez pour cela, monsieur le curé ! Je l'aime assez pour l'arracher de cette poitrine sur laquelle elle vit et pour m'en arracher le cœur, du même coup !... Je l'aime assez pour aller mourir dans quelque coin en pensant que j'ai fait cela pour elle ! Mais, quand je serai parti, qui me la gardera ?... Qui me la soignera ? Qui me répondra de ses jours ? Qui me l'empêchera de mourir, cette faible enfant, dont je porte la vie, comme on porte de l'eau, toujours près de tomber par terre, dans sa main ?...

— Ah ! monsieur, — fit le curé, qui finissait, comme Néel, par admirer un tel père, même dans un tel homme, et qui avait sa grande foi pour répondre à tout, — si jamais vous aviez ce courage, allez et ne soyez pas en peine ! C'est Dieu lui-même qui prendrait soin de votre enfant. Ce Dieu des Forts aime l'héroïsme, et Calixte serait sauvée...

Mais il s'interrompit en voyant sur les lèvres de Sombreval ce que Calixte appelait son *mauvais sourire*.

L'ironie de son impiété revenait tout à coup à cet homme, jusque-là si désarmé et si peu amer.

Ce ne fut que le temps d'un éclair. Touché de ce qui se passait dans cette admirable sensitive de prêtre, qui saignait plus, quand il touchait les autres, que quand les autres l'avaient blessé, Sombreval eut bientôt effacé son méchant sourire, et, redevenu sérieux et cordial :

— Monsieur le curé, — lui dit-il, — je vous connais, et quoique mon respect, à moi, soit peu de chose pour vous, je vous respecte pourtant autant qu'un homme puisse respecter un autre homme, et peut-être un peu plus... Je sais, comme tout le pays, que vous vivez pour votre mère, comme je vis, moi, pour mon enfant. Ecoutez-moi donc, monsieur le curé. Si, pour des raisons de pitié filiale plus grandes que le bonheur de la soigner, il fallait vous séparer de votre mère, ah! vous valez mieux que moi, sans nul doute, mais vous demanderiez bien le répit de huit jours. Donnez-moi huit jours !

Il n'est pas étonnant que les larmes fussent montées aux yeux de l'abbé Méautis, à ce nom de mère : mais cette humble demande : « *Donnez-moi huit jours,* » les en fit tomber.

Il y vit plus qu'une espérance. Il y vit presque une promesse. Il y vit une résolution !

— Votre main, monsieur Sombreval ! — fit-il, touché à ne plus pouvoir répondre qu'avec son regard. Et Sombreval la lui donna. Et l'abbé Méautis l'étreignit dans les siennes, comme s'il avait été le plus fort des deux !

— Dans huit jours, revenez au Quesnay, — reprit Sombreval. — Non pas ici, mais chez ma fille ; — et en attendant, ajouta-t-il (était-ce une politesse qu'il faisait au prêtre, cet impie d'un seul bloc et que n'entamait jamais l'inconséquence?...), et en attendant, priez pour moi, monsieur le curé !

XX

 es étranges huit jours demandés par Sombreval au curé de Néhou passèrent sans être marqués d'aucun évènement. Calixte ignora que l'abbé Méautis fût monté au laboratoire de son père. Sombreval en descendait dans le salon, aux heures accoutumées. Il y trouvait Calixte et souvent Néel, qui n'était pas retourné à Lieusaint, — qui ne voyait plus personne que les Sombreval et qui venait au Quesnay presque tous les jours. Il se ressentait trop de sa chute et de sa blessure pour franchir à pied, même la courte distance qui sépare le Quesnay de la grêle tourelle de Néhou. Il venait donc à cheval.

La pente par laquelle son âme se précipitait plus encore que son cheval vers ces murs, aimantés par l'amour, était d'autant plus irrésistible que, dans cette âme, inextinguiblement ardente, le désir fou d'être aimé était avivé par le malheur de ne l'être pas. C'était fini ! Il sentait bien qu'il n'était pas aimé... Il avait joué sa grande partie, et il avait perdu. Il n'était pas mort et il n'était pas aimé davantage. Calixte était pour lui la carmélite, cachée et invincible, qui n'aimait que Dieu et son père ; et lui, Néel, n'était que le troisième dans sa vie. — Il n'était, hélas ! que la troisième de ses préoccupations !

Et justement, depuis quelques jours, elle le lui prouvait un peu plus. Calixte voyait sur le front de son père, ce siège d'une pensée, d'ordinaire si sombre pour tous, mais si lucide pour elle, quelque chose de plus noir et de plus agité que de coutume et qui n'était pas l'éternelle anxiété de la science aux prises avec le problème dont elle, Calixte, devait être la solution !

— Ne trouvez-vous pas, Néel, — lui dit-elle une après-midi, — qu'il y a quelque chose d'inaccoutumé sur le visage de mon père ?... Lui, si fort, il n'est triste jamais que quand je souffre, et je suis bien mieux. Il y a longtemps que je n'ai eu une de mes crises.

Ils étaient tous deux auprès de la chéminée du salon, et elle brodait un devant d'autel pour l'église de Néhou... Une chiffonnière de bois de rose la séparait de Néel, assis en face et qui séchait alors à un clair feu de pommier ses bottes *à la russe* plissées au coude-pied, selon l'élégante mode du temps, et éclaboussées par les mares que son cheval, en venant, avait traversées; car les pluies de l'hiver, toujours humide en Normandie, détrempent, encore au printemps, les routes de ce gras pays de marais et de pâturages.

— Oui, — dit Néel, — c'est de la tristesse, une chose nouvelle pour le front de votre père, qui porterait un monde sans que son front en fît un seul pli ! Mais qui sait ? Il est peut-être mécontent de ses expériences. Sa vie est là-haut ! — et il indiqua du doigt le laboratoire.
— Ah ! peut-être, lui aussi, a-t-il affaire à l'impossible, — ajouta-t-il avec mélancolie, retombant à l'idée fixe de son amour.

— Non, dit Calixte, intuitive comme tous les sentiments profonds, — ce n'est pas cela, Néel. Il y a autre chose dans cet air de mon père, et voilà pourquoi je m'en inquiète.

Ce qu'elle croyait, elle ne le disait pas ! C'était d'être la cause de cette tristesse. Elle venait de relever les yeux sur Néel, tout en lui parlant, et elle remarquait sur ses traits affaissés la fatigue qui suit les longues luttes...

« Je les désespère tous les deux, » pensait-elle. — Et tout en brodant sur son devant d'autel la figure du Pélican, qui, pour ses petits, s'ouvre la poitrine, ce symbole de l'amour de Dieu pour les hommes et que l'Eglise aime à répéter sur ses ornements, elle songeait à ces deux êtres qui l'aimaient, seuls, dans l'univers, et elle était attendrie... Et elle se débattait, la pauvre colombe, dans le lacet de cette question horrible, posée à sa foi par sa pitié. « Je désole Néel, parce que je veux souffrir pour mon père ; et mon père, pour qui je veux souffrir, c'est par moi cependant qu'il souffre ! » et elle se perdait dans cette pensée...

Ils étaient donc retombés dans le silence, ces deux cœurs, tous les deux si pleins... Néel regardait Calixte avec ce regard extasié qui n'avait jamais assez d'elle, et Elle, baissant ses chastes cils sous les yeux brûlants du jeune homme, avait repris son ouvrage, ayant grand'-peine à contenir l'attendrissement qui la surmontait... Néel, lui, ne pensait déjà plus qu'à sa chère Pâle, à sa chère Pâle idolâtrée, qui était là, à deux pas de lui dans l'espace, mais dans le cœur de laquelle il ne ferait point un pas, un seul pas de plus !

Ce visage de neige, placé si près du sien, et qui enflammait l'air pour lui au lieu de le glacer, il n'en approcherait donc jamais ses lèvres altérées ! Et cette pensée ne le faisait pas bondir, l'impétueux Néel ! mais l'abattait plutôt ! Il était épuisé de violences vaines. Il était au moment où l'homme le plus fort, l'amour le macère et le détrempe dans des tendresses qui énervent même le désespoir. Toujours muet et la regardant, il avait pris sur la chiffonnière rose de la jeune fille, qui brodait avec son dé d'ivoire, son autre dé, le dé d'argent, dont elle se servait quand il fallait traverser quelque tissu plus dur à percer que cette vaporeuse mousseline qu'elle fleurissait alors (car d'ordinaire elle cousait et ourlait elle-même, de ses mains si mollement effilées, les chemises de grosse toile qu'elle donnait à l'abbé Méautis pour les pauvres de la contrée), et sans qu'elle le vît, l'amoureux et l'insensé, comme nous le fûmes tous, au moins une fois en notre vie, emplissait ce dé de baisers furtifs et cherchait de ses lèvres, folles comme son cœur, l'intérieur, poli par le doigt qui l'avait souvent tiédi pendant de longues heures de travail... Il aurait voulu y reprendre les tiédeurs absentes. Mais il ne trouvait que l'ivresse, —une ivresse tout à la fois voluptueuse et cruelle, — dans cette coupe, faite du dé d'une femme, trop grande encore pour son bonheur !

— Je l'entends qui monte le perron, — fit-elle tout à coup au bout d'un instant de silence, si préoccupée de son père qu'elle ne songeait pas même à le nommer ; — seulement quelqu'un est avec lui. Et qui donc ? ajouta-t-elle avec le sentiment de la solitude qui les écrasait; — puisque vous êtes ici, Néel !

Elle n'avait pas fini de parler que la rude main de Sombreval soulevait la tapisserie de la portière. Mais ce ne fut point lui qui entra le premier, ce fut l'abbé Méautis.

— Ma Calixte, dit Sombreval, — voici monsieur le curé de Néhou que j'ai rencontré dans la cour. Il venait chez toi et je te l'amène. Je ne l'ai pas évité pour cette fois, car, monsieur le curé, je vous ai quelquefois évité quand vous êtes venu voir votre paroissienne au Quesnay.

— Monsieur, tous les habitants de Néhou sont mes paroissiens, répondit l'abbé Méautis, avec la délicatesse de sa charité.

— Mais, — poursuivit Sombreval, — où que nous nous rencontrions maintenant, monsieur le curé, je ne vous éviterai plus !

Tout cela avait été dit pendant que l'abbé Méautis saluait avec sa sérénité ordinaire Néel et Calixte, qui s'étaient levés pour le recevoir. Le visage de Sombreval attirait encore plus l'attention des deux jeunes gens que ses paroles brusquement joyeuses. Ce visage, en effet, ne portait plus l'empreinte de la tristesse qui l'avait offusqué tant de jours ! Il était animé et presque splendide. Cette espèce de splendeur, ils allaient la comprendre ! Mais ils la prirent d'abord pour le reflet de quelque flamboyant *eurêka* de cet Archimède de la chimie, devenu peut-être le maître de ses combinaisons !

Ils se trompaient... Ce n'était pas des substances qu'il cherchait à asservir, depuis tant d'années, que Sombreval était devenu maître, mais c'était de lui-même, terrible substance, plus difficile à dominer ! Le feu qui lui pourprait ses saillantes pommettes et jetait un ardent reflet à ses tempes, élargies par la réflexion, n'était pas le feu matériel du fourneau que son visage avait si longtemps impassiblement bu par tous ses pores ; c'était une bien autre flamme ! C'était la flamme de la résolution sublime qu'il avait portée, pendant ces huit jours de lutte et de silence, et qui, triomphante, montait de son cœur à sa tête et l'illuminait !

— Oui, mon enfant, — dit ce père qui entendait *physiquement* dans son cœur la pensée de sa fille et qui y répondait ; — elle n'y est plus la tristesse qui t'inquiétait ces jours derniers, et que tu as vue si bien, toi, sur les vieux sourcils de ton père, et la tienne va s'en aller aussi de ton cher visage. Ma pauvre suppliciée par moi, pardonne à ton bourreau de finir si tard ton supplice ! Mais il va finir ! Je veux enfin te faire heureuse !

— O père ! père ! je le suis autant que je puis l'être, fut-elle sur le point de répondre. Mais elle s'arrêta, envahie par une lumière...

Elle ne savait pas quelle lumière ! Et frappée aux racines de son être par la pile de Volta du front de son père, son visage, surhumainement pâle, ne pouvant plus pâlir, se rosa.

— Oui, — dit encore Sombreval, qui craignait l'émotion pour cet être nerveusement fragile, et qui aimait mieux en finir d'un coup, — c'est la vérité, ce que tu n'oses croire, et tu peux le croire cependant, car c'est la vérité ! Tes prières ont été plus fortes que l'incrédulité de ton père, et ton Dieu est redevenu le sien !

Elle glissa de son fauteuil, à genoux sur le parquet.

— O Dieu ! — fit-elle ; et sous la foudre de joie qui l'écrasait, elle s'évanouit.

Mais la tête charmante n'eut pas le temps de poser à terre que Sombreval l'avait prise et portée sur le lit, toujours là pour elle, ce lit répété dans tous les appartements du Quesnay et qui, sous sa couverture *d'honneur*, de soie verte, n'avait reçu personne depuis Néel !

— Ah ! voilà ce que je craignais, monsieur le curé ! — fit Sombreval avec un affreux accent de reproche, en se retournant vers le prêtre tranquille et qu'il n'émut pas !

— Ne craignez rien, monsieur ! répondit l'abbé Méautis dans la sécurité de sa foi. Dieu est avec nous ! Le tendre Sauveur des hommes n'a pas ressuscité Lazare pour vous tuer votre enfant, le jour même que vous redevenez son ami !

Et prenant la main de Calixte : Laissez-moi lui parler, fit-il. — Et, sans doute avec l'accent qu'il avait quand elle s'agenouillait à ses pieds dans l'humble chapelle de Néhou :

— Un peu de force, mon enfant ! dit-il. Prenez sur vous ! Ne vous laissez pas terrasser par la joie que Dieu vous envoie. Il vous a exaucée. Soyez forte pour le remercier. Si vous êtes malade, ô ma fille, vous ne pourrez pas venir à l'église demain.

Il savait bien ce qu'il faisait, ce prêtre... Plus habile que les médecins de la terre, ce naïf médecin du ciel opposait aux nerfs une idée ! la volonté, à leurs caprices. Qui sait s'il ne rappelait pas à la pieuse chrétienne quelque vœu fait par elle pour la conversion de son père, et qu'elle aurait peut-être le lendemain à accomplir ?...

— Oh ! je suis déjà mieux ! — murmura Calixte avec un faible sourire. Ce n'est pas ma crise, père ! C'est du bonheur ! C'est plus que de la vie. Vous ne m'aviez promis que de la vie, mais vous, avec votre fillette, vous faites toujours plus que vous n'aviez promis !

Elle lui avait tendu la main. Attiré par cette petite main toute puissante, cet homme, ce père était venu tomber à genoux auprès du lit sur lequel elle était couchée, et cette fille était si faible devant laquelle ce père si fort tombait à genoux, comme s'il avait été l'enfant, que d'un contraste si touchant les larmes vinrent aux yeux de Néel !

Oh ! il partageait le bonheur de Calixte ! Il espérait que lui aussi pourrait être heureux ! Il espérait qu'elle n'aurait plus besoin de rester consacrée à Dieu pour obtenir la conversion de son père... Et cet éclair d'espérance s'attachait à son cerveau, comme le feu Saint-Elme au mât du vaisseau en détresse ; et, comme ce feu inextinguible, il allait y rester peut-être jusqu'à ce qu'il fût consumé !

Calixte avait cerclé, de son bras de lis, la grosse tête aux cheveux boulus de son père, et posait ses lèvres sur ce grand front où elle vivait, éternelle pensée ! Sombreval, trop ému pour parler, se concentrait sous cette étreinte et cette caresse ; mais quand il sentit le bras frais de sa fille s'ouvrir et couler sur sa large épaule où il s'arrêta :

— Chère couronne de ma vieillesse, tu m'ôtes

trop tôt mon diadème ! — lui dit-il avec la grâce de la tendresse, car il l'aimait tant qu'il trouvait pour lui parler la grâce d'un poète, ce rustaud de science et de génie, cet homme demeuré, malgré ses lumières, si profondément paysan !

— Oui, c'est le bonheur, mademoiselle, répéta l'abbé Méautis, ému comme Néel, mais d'une autre émotion. Il pensait, lui, à sa mère, accroupie et hagarde, contre son mur... sa mère, dont il ne sentirait jamais, autour de sa tête, le bras fiévreux et décharné ! — Oui, c'est le bonheur comme Dieu l'envoie quelquefois à ses justes. Mais de ce bonheur, de cette bénédiction suprême, monsieur votre père ne vous a dit que la moitié. Chère persévérante, vos prières ont été plus exaucées que vous ne croyiez. Dieu ne fait point petite mesure à ceux qu'il aime, et un homme comme monsieur Sombreval ne fait rien à demi non plus. Il a la logique de ses actes et l'héroïsme de ses résolutions. Aujourd'hui redevenu chrétien, il se souvient qu'il a été prêtre, et c'est prêtre qu'il veut aussi redevenir.....

Et alors l'abbé Méautis raconta qu'il y avait une semaine, Sombreval et lui s'étaient vus au laboratoire, — et que là, Sombreval lui avait demandé le répit de huit jours, avant d'accomplir la résolution qu'il avait prise de revenir à Dieu et de rompre cette chaîne du péché qui finit par faire corps avec l'homme, si bien que l'homme n'en peut sortir qu'en rompant sa chair avec sa chaîne ! Il répéta ce que Sombreval venait de lui apprendre avant d'entrer dans le salon : c'est que son parti était pris, sa résolution irréfragable ; c'est que le prêtre, le caractère de prêtre effacé par vingt ans d'infidélité, d'orgueil, de science mondaine, reparaissait tout à coup par la vertu du Sacrement dans celui qui l'avait méprisé et foulé aux pieds, et que reparu, le prêtre avait soif de pénitence, de réconciliation complète ! Il dit enfin et avec enthousiasme, quelle joie pour l'Eglise de voir remonter à l'autel ce trop fameux « abbé Sombreval, » qui avait contristé son cœur maternel et qui aurait pu en être la gloire ! Calixte écoutait, noyée dans les larmes, heureuse pour la première fois de sa vie ! Elle souriait comme au ciel ouvert. Elle avait repris dans son bras la tête de son père.

— Ah ! s'écriait-elle, serrant le grand front du Coupable, repentant enfin ! contre sa virginale gorgerette, — ah ! ce n'est pas à moi que Dieu accorde toutes ces grâces, monsieur le curé, mais c'est à ma pauvre mère qui le prie depuis si longtemps dans son Paradis ! Ma mère ! Nous pourrons donc, père, prier ensemble le Dieu de ma mère, à présent !... Et se ravisant, et avec l'enfantillage de la joie et le tutoyant, — car elle le tutoyait toujours dans les moments extrêmes : — Te voilà donc chrétien comme moi, toi qui ne voulais pas croire? — lui dit-elle. Tu n'auras donc plus horreur du front de ta pauvre petite malheureuse, — heureuse maintenant, heureuse par toi ! Tiens, père aimé, c'est sur le front de ta fillette que tu dois embrasser, après si longtemps, ta première croix !

Et dans sa joie, presque en délire, elle détacha ce bandeau qui cachait le signe dont elle était marquée et elle fit voir cette croix mystérieuse qui s'élevait d'entre les sourcils, cette croix que Néel avait vue, un jour, mais que ne connaissait pas le prêtre, et elle l'offrit avec un mouvement irrésistible aux baisers de son père, — intrépide devant ce signe pour la première fois !

Ce jour-là, l'abbé Méautis resta au Quesnay jusqu'au soir. Ce fut une fête dans ce château triste et solitaire, entre ces quatres personnes qui n'en peuplaient pas la solitude. Ce fut une fête austère et douce. Sombreval y développa, dans ses détails, le projet dont avait parlé le curé. Cet homme unique avait pensé à tout. Il annonça son départ prochain à Calixte, qui ne put s'empêcher de blêmir à ce mot de départ, prononcé par ce père qui ne l'avait jamais quittée. Il fallait bien, en effet, que Sombreval allât se jeter aux pieds de son évêque et subît la pénitence méritée après laquelle l'évêque solliciterait de Rome sa réintégration dans le sacerdoce. L'esprit de justice de cette jeune fille, à tête lumineuse, comprenait tout cela, et imposait silence à cette affliction qui venait si vite se mêler à la joie dans son tendre cœur.

— Ma pénitence la plus cruelle sera de te quitter, — lui dit Sombreval, et de te laisser dans la solitude, ma Calixte aimée. Mais tu es l'enfant de la solitude, toi qui as partagé, toute ta vie, l'isolement de ton père. Tu n'es faible que dans ton corps charmant. Ton âme est forte et sainte. Comment te plaindrais-tu aujourd'hui de ce qui, au fond, doit faire ta joie? En me parlant de toi, l'autre jour, monsieur le curé de Néhou s'appelait ton second père. Eh bien, il aidera au premier. Il viendra tous les jours au Quesnay. Il me l'a promis. Lui qui se connaît en malades comme tous les prêtres, et toi qui vas soigner ta vie par pitié pour ton père absent, vous surveillerez tous deux cette santé chère, que je surveillerai aussi de loin, car moi, cette maladie contre laquelle je me bats depuis que tu vis et que tu souffres, je la connais! Nul de ses phénomènes, toujours prévus, ne me déconcerte, et n'importe où je sois, je continuerai de lutter contre elle. Mon esprit, chère enfant, s'étendra sur toi, et tu le sentiras, quand je n'y serai plus !

Tu le sentiras avec cette âme incomparable qui t'a été donnée pour sentir plus profondément la vie. Chère Voyante d'amour filial, ajouta-t-il, — présent ou absent, tu me verras toujours !

— Oui, fit la mystique, qui comprit cette consolation suprême. On voit Dieu, à force de l'aimer. Je vous verrai ainsi, et je pourrai être heureuse. Un père comme vous, c'est Dieu, après Dieu !

Ange déjà résigné, qui savait que la quitter était le plus amer du sacrifice de son père, et qui ne voulait pas y ajouter l'amertume du sien !

.... Lorsque le jour fut entièrement passé dans ces attendrissements qu'ils partagèrent, Néel et l'abbé Méautis, après le souper, revinrent à Néhou, en s'entretenant le long des chemins de l'étonnant évènement qui venait de se produire là, sous leurs yeux, à huis clos, entre ces quatre murs, au fond de cette vallée, — et qui serait dans quelques jours la stupéfaction de toute la contrée. En ce pays de mœurs réglées, monotones, uniformes, où le jour qui passait, à pas sourds, ressemblait tant au jour de la veille et à celui du lendemain, — dans ce dernier angle de cette presqu'île où le canon même des batailles de l'Empire (alors dans tous leurs tonnerres) ne retentissait que dans les cœurs de quelques mères, lorsqu'il avait coupé en deux leurs pauvres fils *partis au sort*, Jean Gourgue, dit Sombreval, avait ait, à lui seul, le plus grand bruit qu'on eût entendu depuis quinze ans. Mais comme sa conversion allait surpasser le retentissement de son apostasie ! ! ! Et comment Néel et l'abbé Méautis n'auraient-ils pas parlé de cela ?

Ils en parlèrent donc, et ils s'y attardèrent. Seulement le curé, qui avait dit la vérité à Calixte en lui apprenant le retour à Dieu de son père, ne lui avait pas dit *toute* la vérité, puisqu'il lui avait caché le motif réel de ce retour ; le curé tut aussi ce motif à Néel de Néhou. Néel ignorait encore la mer d'infamies qui commençait alors à déferler sur la renommée de cette pauvre fille, aux vertus inutiles, d'un père maudit, et on comprend qu'il l'ignorât.... Il vivait avec la sauvagerie d'un jeune loup, depuis sa *folie polonaise*.

« — A présent, disait le bonhomme Herpin à qui voulait l'entendre, à présent que le v'là qui cloche comme le crochu Heurtevent, il ne va *maisy*[1] plus ès villes voisines, ni à Lieusaint, chez sa promise, ni ès auberges et cafés

---

1. Presque.

des deux bourgs, où il pourrait ramasser quelques-uns des propos qui traînent sur les *ordées* du vieux monstre du Quesnay. Et même quand l'idée d'y aller le prendrait, — ajoutait le judicieux Herpin, — quel est le braque parmi les plus braques qui s'exposerait seulement à fringuer d'un quart de mot sur les Sombreval les oreilles à M. Néel, que le père a *enqueraudé*[1] et la fille *enhersé* à sa jupe ?... » Personne, en effet ! On l'a vu assez dans cette histoire : Néel, très aimé des paysans, en était plus redouté encore. Il l'était pour cette impétuosité naturelle qui paraissait à ces tempéraments, lents et lourds, comme une fascination de foudre.

Quand ils avaient dit : « *ce salpêtre de monsieur Néel !* » ils avaient tout dit de ce flave jeune homme, fin de reins et de poignets comme une femme, dont ils connaissaient la violence électrique et nerveuse, et devant la cravache duquel eux, ces paysans aussi forts que les bœufs de leurs charrettes, auraient certainement reculé comme les Cosaques devant la cravache de Murat. L'abbé Méautis, perspicace de sa nature et, par sa fonction de curé, placé au confluent de tous les bruits, savait l'amour de Néel pour Calixte ; mais, toujours

[1]. Ensorcelé.

prudent et sensible, il ne voulait pas faire saigner cet amour qu'il voyait en Néel et causer, — en lui révélant ces abominations, qui probablement allaient cesser par le fait de la résolution et du départ de Sombreval, — une commotion terrible à cette tête capable de tout. « Les motifs du changement de Sombreval ne « sont pas aussi religieux que le croient ces « deux enfants, mais Dieu se sert de tout pour « l'accomplissement de ses desseins sur une « âme, » se disait-il, en quittant son compagnon de route, au tournant du chemin qui conduisait au presbytère.

Néel avait arrêté son cheval pour serrer la main au doux prêtre. Lui aussi, pendant leur causerie dans le chemin, gardait soigneusement sa pensée, — cette pensée que Calixte n'aurait plus besoin de se consacrer à Dieu, puisqu'il était fléchi et désarmé ! Ah ! se dit-il quand il fut seul, — parlant peut-être pour se dilater le cœur, ce cœur qui étouffait ! — ma chère et divine thaumaturge, vous avez fait un premier miracle et vous en ferez un second. Ce sera de m'aimer !

Et sur cette idée d'être aimé, il tomba dans toute une rêverie, oubliant son cheval qui hennissait et mordait son mors, sentant l'écurie, — oubliant son père qui l'attendait là-bas, dans cette tourelle dont les fenêtres commençaient à pointer leurs lumières, à travers le brouillard levé sur les marais.

Tout à coup un souvenir le tira de sa rêverie :

— Et la Malgaigne ?,.. fit-il en tressaillant. Si j'y allais !

Et « toujours *salpêtre*, » comme disaient les paysans, il tourna son cheval de tête à queue et partit du côté opposé à Néhou, dans un de ses meilleurs galops.

Il fila comme la flèche, tourna le bourg de S..., dépassa les Cloisons et la Croix-d'Épines, gagna les Longs-Champs et fut bientôt au bas de ce mont de Taillepied qu'habitait cette Visionnaire dont il ne pouvait oublier les prédictions et à laquelle il était heureux d'aller dire le triomphant : « *Eh bien ! vous vous trompiez !... Voilà ce qui arrive ! !* » que disent ceux qui crurent d'abord à des présages, et qui, lorsqu'ils tardent, les croient conjurés !

Quand Néel parvint à la bijude de la Grande Fileuse, la lune, cachée par le mont, se levait derrière et rendait plus noire sa masse sombre, semblable à un amas énorme de foin bottelé... De la corne de cerf qui emmanchait sa cravache, il frappa au contre-vent, par-dessus la barrière, et appela... Mais nulle voix ne répondit du dedans. Il s'obstina, cogna plus fort et cassa sa corne de cerf sur le loquet en fer de cette petite barrière, placée à mi-pont devant la porte. — « Elle sera en journée, — pensa-t-il, — dans quelque paroisse éloignée, et on l'aura gardée à coucher, » et il revint à Néhou par les mêmes chemins. Il ne se trompait pas. La Malgaigne était en journée. Mais quand il l'eût trouvée chez elle, y aurait-il eu à cette histoire un moins tragique dénoûment ?...

XXI

NÉEL apprit, le lendemain, à son père, avec l'orgueil de l'amour qu'il avait pour Calixte, la conversion de Sombreval.

— Ah ! il revient *à jubé*, — dit le vieil indifférent du dix-huitième siècle. — Eh bien ! tant mieux ! A tout péché miséricorde ! Ils t'ont bien soigné, chevalier, et je ne demande pas mieux que de les voir se relever dans l'estime publique... s'ils peuvent s'y ramasser. Mais toi, chevalier, quand reviendras-tu à ta fiancée et retourneras-tu à Lieusaint ?... Le vieux Bernard, qui ne remet pas les pieds ici, s'est avisé de m'écrire, lui qui n'écrit jamais, pour me renvoyer ma parole de

Coblentz, mais les Néhou n'ont pas l'habitude de reprendre ce qu'ils ont donné, et encore moins leur parole qu'autre chose... Moi, j'attends toujours que ta fantaisie pour ta petite garde-malade de là-bas soit passée... Seulement en attendant, Bernardine flétrit dans ses larmes la plus belle fraîcheur du Cotentin. C'est dommage, cela ! Jean Bellet, que j'ai envoyé leur porter une bourriche de sarcelles, tuées, à la canardière, par ma fenêtre, puisque ces diables de gouttes m'empêchent de sortir, Jean Bellet m'a dit qu'elle semble avoir les *pâles couleurs*.

Néel ne répondit pas. Depuis longtemps, Bernardine n'existait même plus dans sa pensée, et ce n'était pas au moment où Calixte lui semblait plus libre et plus près de lui, que mademoiselle de Lieusaint pouvait y reprendre le moindre empire. Blessé, comme toujours par le ton de son père, il lui opposa, comme toujours, l'inertie d'un respectueux silence. Puis, après quelques secondes, il se leva pour prendre un fouet de chasse, posé en travers sur deux pattes-fiches de cuivre doré, au-dessous du portrait enfumé d'un de ses oncles, capitaine au régiment de Normandie, revenu bronzé de Saint-Domingue, et maigre comme une sauterelle, dans son uniforme blanc, à revers noirs.

— Tu ne me réponds pas, chevalier ? fit le

vicomte, et tu t'en vas probablement... où tu passes tes journées. Tu fais bien : tu jouis de ton reste ! Si le Sombreval quitte le pays, et qu'à Coutances ils le mettent où il a. mérité d'être, à quelque Trappe ou à quelque Couvent, pour faire pénitence et se refaire digne de dire la messe, tu n'iras plus probablement passer régulièrement tes après-dînées avec une fille de dix-huit ans, isolée, sans son père, au fond d'un château dont les murs ne sont pas de verre pour qu'on puisse mieux juger, à travers, de l'innocence de tes mœurs.

Néel pâlit, non du sarcasme de son père, mais de l'idée qu'il lui jetait et qui ne lui était pas venue au sein de sa nouvelle joie. Il comprit qu'il serait obligé de voir moins Calixte. par respect pour elle, pendant l'absence de Sombreval, et il monta à cheval avec l'anxiété horrible que lui inspirait cette idée : « la voir moins ! »

Il rencontra à la tête de l'étang, sur la route, les Herpin qui s'en allaient chercher une bannelée de tangue au quai du bourg de S..., et qui l'arrêtèrent pour lui dire, avec l'effarement satisfait de gens à nouvelles :

— Il y a donc du nouveau au Quesnay, monsieur Néel ? les lucarnes n'ont pas lampé c'tte nuit... et les *faces de crâpe* ont détortillé leurs langues pour dire à Blandine que le maître s'en allait pour longtemps et partait ce soir !

— Ce soir ! fit Néel étonné et qui piqua des deux, sans rien ajouter davantage.

Quand il arriva au Quesnay, il trouva Sombreval et sa fille dans le salon. Calixte, debout devant la chiffonnière en bois de rose, nouait une couronne de pensées qu'elle venait d'achever et qu'elle avait prise à un monceau de fleurs éparses devant elle. C'était l'heure où d'ordinaire Sombreval était au travail.

— Eh bien, monsieur Néel, — lui dit-il en le voyant entrer, — vous me trouvez aujourd'hui auprès d'elle. Hier, j'ai éteint mon fourneau pour ne plus le rallumer et fermé la porte de ce laboratoire où j'ai cherché si longtemps ce que le Dieu que j'ai offensé me donnera plus sûrement, sans doute, que cette science à laquelle je me fiais... Puisqu'il faut partir, je ne quitterai plus Calixte maintenant que pour partir. Je veux passer mes dernières heures auprès d'elle. Ce sont là les dernières saveurs de la coupe de ma vie qui sera vidée, lorsque je ne la verrai plus. Pauvre et sainte petite, elle a communié ce matin ! Nous revenons de l'Église ; et voyez, monsieur de Néhou ! Elle a voulu fleurir le portrait de sa mère. Cher amour d'enfant qui pense à tout, et qui s'est dit que c'était au ciel la fête de sa mère, puisqu'aujourd'hui, sur la terre, son père coupable a demandé pardon à Dieu !

Et il la prit passionnément dans ses bras et la leva vers le portrait au sombre cadre d'ébène, et Calixte y suspendit la couronne de pensées qu'elle venait de tresser.

— Quand partez-vous ? — demanda timidement Néel.

— Mais ce soir, — répondit Sombreval. Quand un homme est décidé à faire une opération chirurgicale sur son âme, le plus tôt est le mieux ! L'Ange que voilà, ajouta-t-il en passant sa main de chimiste et de forgeron sur l'or des cheveux de son enfant, et en les lui lissant avec le mouvement idolâtre d'une mère, l'Ange que voilà, c'est la Force même sous l'image tremblante de la faiblesse. Je manquerais de force qu'elle m'en donnerait.

— Dieu est si bon pour moi, — dit-elle — que je dois bien souffrir encore cela pour lui !

— Vous voyez, monsieur, reprit Sombreval, si j'avais raison de compter sur elle. Mais j'ai aussi un peu compté sur vous. Voulez-vous me faire la conduite jusqu'à la Sangsurière, monsieur Néel ?

— Et même jusqu'à Coutances, si vous voulez de moi et si mademoiselle Calixte le désire ! — dit Néel, touché de cette *amitié* de Sombreval.

— Non ! répondit Sombreval. La Sangsurière est un mauvais pas, impossible aux voitures et dur aux chevaux ; j'y ai vu casser des chars-à-bancs ! Venez jusque-là. Vous reviendrez demain dire à Calixte que son père y a passé sain et sauf, et ce sera pour elle une inquiétude plus vite ôtée, et, pour vous, une raison pour plus vite revenir !

— Ah ! dit Néel, les yeux étincelants du bonheur de faire quelque chose pour Calixte. Je peux être ici dans la nuit, et Foudre (c'était son cheval favori) va gagner son nom !

Pendant qu'ils parlaient ainsi, arriva l'abbé Méautis, que Sombreval avait prié d'être au Quesnay quand il se séparerait de sa fille. Quoi qu'il pensât de la force de Calixte, il avait peur pour elle, et, par précaution, il voulait la laisser avec le prêtre en qui elle avait une si suprême confiance. En la quittant, il l'appuierait contre cette colonne. Calixte et l'abbé prieraient ensemble, quand il serait parti, et l'angoisse de la séparation pour elle serait diminuée. Cette angoisse ne serait complète que pour lui *seul*.

C'était au soir qu'ils devaient partir... Mais, dans ce pays où l'on dînait au *coup de midi*, le soir, c'étaient quatre heures ; — et, d'ailleurs, en partant à quatre heures, ils arrivaient avant la nuit à la Sangsurière, où l'on ne pouvait, à cette époque, passer que de jour... Quand donc le noir Pépé vint dire que les chevaux étaient prêts, Sombreval prit une dernière fois sa fille sur son cœur et la baisa saintement sur son front crucifié, dont il écarta lui-même le bandeau. La veille, — si vous vous le rappelez, — elle l'avait prié de l'embrasser là, mais elle n'eût pas besoin de le lui demander aujourd'hui.

— Voilà notre force à tous, — fit-il en montrant la formidable empreinte de cette croix si longtemps haïe, et qu'il embrassa encore, pendant qu'elle, Calixte, de son pieux visage, pressait cette poitrine où elle vivait seule et où elle avait rallumé l'étincelle divine, — quand, — excepté l'amour de son père, — elle y croyait tout étouffé !

L'abbé Méautis, qui voyait Sombreval livide, ne put s'empêcher de lui dire, avec son angélique pitié, toujours présente :

— Allez, monsieur, et que Dieu vous conduise ! Si votre crime a été grand, vous êtes aussi plus qu'un pénitent, vous êtes un martyr.

Et ils vinrent tous au perron, émus, mais contenant leur émotion dans les silences coupés de brèves et rares paroles. L'abbé et Calixte regardèrent Néel et Sombreval monter sur leurs chevaux et les suivirent des yeux jusqu'à ce qu'ils ne les virent plus. Néel se retourna pour *la* voir encore, celle qui était sa vie ! Mais Sombreval, lui, ne se retourna pas. Il avait la tête baissée, la main droite pendante, comme morte, le long de sa cuisse. Son cheval le menait plus qu'il ne menait son cheval ; et il alla ainsi, tout silencieux, jusqu'au bas de la butte Saint-Jean. Néel, qui le suivait, respectait cette douleur muette et stoïque. Il avait peur de voir couler à chaque instant et tomber sur le pommeau de sa selle cet homme bâti comme une tour de guerre. Mais au bas de la butte, l'homme, qui s'était repris tout entier dans Sombreval, releva la tête et la fit relever à son cheval. Il regarda Néel avec des yeux que la douleur semblait avoir enfoncés sous leurs arcades sourcilières, déjà si profondes :

— Eh bien, voilà qui est fini ! dit-il. J'ai fait aussi, Néel, comme vous, mon sacrifice ! Vous, vous avez sacrifié votre vie pour être aimé d'elle, et si vous n'êtes pas mort, ce n'a pas été votre faute. Mais qui sait ? Peut-être vous aimera-t-elle, maintenant qu'elle n'aura plus à trembler pour l'âme de son père et qu'elle n'aura plus à expier ses crimes, tandis que moi, je ne la reverrai peut-être jamais, car je suis vieux et violent comme si j'étais jeune, violent jusqu'à la rupture de ce cœur qui doit vivre sans elle à présent... Ils vont me faire

faire pénitence, et combien de temps?... Qui peut le savoir? Que vont-ils ordonner de moi?... Mais vous, vous la reverrez demain... tous les jours...

— Tous les jours! fit Néel avec un cri ; car Sombreval avait mis la main sur sa pensée...

— Voilà donc la blessure! reprit Sombreval, je n'ai pas eu grand'peine à la trouver! Je l'aime tant que je sais votre âme comme la sienne, à vous qui l'aimez! O mon pauvre brave Néel, vous avez donc cru, parce que je m'en allais et parce que je la laissais seule au Quesnay, que vous n'y reviendriez plus comme quand il y avait son père! Voilà donc le secret de la tristesse que je vous vois aussi sur le front. Mais faites, comme si j'étais présent, mon cher Néel! Allez au Quesnay! C'est moi qui vous y autorise et qui vous le dis! Et pourquoi n'y retourneriez-vous pas? Qu'y a-t-il de changé entre vous et elle, parce que je pars?... N'avez-vous pas à vous en faire aimer ? N'est-elle pas à vous, à ce prix, puisque vous n'avez pas peur d'épouser la fille d'un prêtre... qui aura failli, mais qui du moins se sera relevé? Que je sois à Coutances ou au Quesnay, dans les combles du château, à travailler à ma chimie, n'est-elle pas toujours la même Calixte que j'ai laissée seule avec vous en sûreté, comme sous une égide, sous l'invisible auréole de sa pureté que vous voyez, vous, puisque vous l'aimez ! Allez donc au Quesnay pour toutes ces raisons ! Je connais trop les passions et leur danger, même dans les cœurs généreux comme le vôtre, pour vous dire le mot bête des imprudents : « Je vous la confie ! » Mais je la connais, elle, et je sais qu'elle ne serait pas moins forte, quand son ange gardien serait remonté dans le ciel !

— Oh monsieur ! dit Néel, c'est elle qui serait le mien. Mais quand vous étiez, comme vous dites, à votre chimie, le monde pouvait vous croire avec nous et maintenant...

— Ah ! le monde ! *Eux !* interrompit Sombreval avec un âpre éclat de mépris dans la voix, en montrant, du bout de son fouet, le bourg de S..., dont les premières maisons apparaissaient au tournant du chemin. C'est à cause d'eux que vous hésitez à retourner au Quesnay ? C'est une noble pensée ; vous craignez de la compromettre... Mais, mon ami, on ne compromet pas la fille à Jean Gourgue, dit Sombreval, l'ancien prêtre ! Compromise ! Mais elle est née déshonorée ! Et vous ne savez pas à quel point le monde y a ajouté ! Vous ne savez pas l'infamie !

Il y a un horrible secret que je vous dirai quand nous serons sortis de cette bourgade où nous allons entrer tout à l'heure... Et c'est même à cause de ce que je vais vous confier, mon ami, qu'il est bon, au contraire, que vous retourniez au Quesnay, et qu'on le sache bien dans la contrée ! Vous qui vivez entre Néhou et le Quesnay, et qui avez voulu partager l'isolement de notre solitude, vous dont on craint l'impétuosité, vous n'avez certainement pas entendu ce qui vous eût fait bouillir de la plus violente de vos colères... Mais les choses en sont là, voyez-vous, qu'il vaudrait mieux pour ma chaste enfant passer dans l'opinion pour la maîtresse de monsieur Néel de Néhou que d'être ce qu'on ose la dire..

— Et que dit-on ? Et qui dit cela ?... — interrompit à son tour Néel déjà tout pâle.

— Vous le saurez tout à l'heure !... Mais traversons le bourg ! répondit Sombreval.

Et ils donnèrent de l'éperon, l'un et l'autre, et brûlèrent le pavé de la bourgade, où les femmes, qui dévidaient aux portes, par cette jaune et calme après-midi aux rayons d'or, les virent passer avec ébahissement.

— Quelle compagnie pourtant pour M. de Néhou ! dit l'une d'elles qui haussa les épaules de pitié.

Mais ils n'entendirent ni cette réflexion ni (s'il y en eut d'autres) celles qui suivirent. Ils furent bientôt de l'autre côté du bourg ; et lorsque les pieds de leurs chevaux eurent quitté le pavé et se furent replongés dans la silencieuse poussière qui comble l'ornière de ces chemins, l'été, Sombreval, après s'être dressé sur ses étriers pour voir s'il n'y avait pas quelque oreille cachée derrière les haies, dit à Néel ce que lui avait appris l'abbé Méautis...

A cette terrible confidence, le violent jeune homme qui, — comme Sombreval, — ne trouvait devant lui que l'ennemi invisible, cette chose sans visage qu'on appelle le bruit public, poussa presque des rugissements de douleur...

Il aurait voulu venger Calixte *sur l'heure*, et il ne le pouvait pas! *Sur qui* pouvait-il la venger?... Sombreval ne lui avoua point qu'il avait été plus heureux, si tant que frapper soulage l'âme quand elle est ivre de cette absinthe amère qu'y versent l'oppression de la faiblesse et l'injustice. Il ne raconta pas la mort tragique de la Gamase. Il ne raconta que la visite du curé et la résolution qui l'avait suivie...

— Vous voyez, Néel, — fit-il — en achevant, si la pauvre enfant peut être plus compromise qu'elle ne l'est, comme dit le monde dans son langage, et si vos visites au Quesnay seraient un danger, quand tout est à peu près perdu! — ajouta-t-il avec une mélancolie désespérée.

— Pas perdu sans ressource, monsieur, — fit à son tour Néel qui pénétrait ce grand stoïque, vulnérable seulement dans sa fille et qui, après vingt ans de mépris public, légèrement porté, souffrait pour la première fois de l'opinion et de ses mensonges ; — je suis de l'avis de notre curé. Quand dimanche prochain, du haut de la chaire de l'église de Néhou, il leur apprendra que vous avez quitté votre château du Quesnay pour aller vous jeter aux pieds de votre évêque et redevenir ce que vous étiez, il se fera un grand changement sous ce coup de tonnerre, car, véritablement, c'en sera un !

— Puissiez-vous dire vrai ! dit Sombreval, — et que le sacrifice de la quitter et de ne la revoir peut-être de ma vie, ne soit pas perdu ! Qu'il ait un sens et un effet, ce dur sacrifice...

— Ah ! déjà il en a un, interrompit Néel, et le plus grand de tous pour vous, monsieur. Elle est maintenant heureuse ! En faisant ce que vous faites aujourd'hui, vous lui avez donné la plus grande joie qu'elle pût jamais ressentir.

Sombreval tendit la main à Néel par-dessus la crinière de son cheval.

— Vous me faites du bien de me rappeler cela, jeune homme, — dit-il, — car dans cette douleur de la séparation d'aujourd'hui, je l'aurais peut-être oublié.

— Et puis, — reprit Néel plein d'une respectueuse pitié pour l'âme de ce père, dont il voulait diminuer la douleur en lui rappelant tous les nobles motifs qui pouvaient alléger la pesanteur de son sacrifice, — et puis, monsieur, après cette joie donnée à votre Calixte, vous avez Dieu, — le Dieu auquel vous revenez, et le sentiment d'un immense devoir accompli !

Mais Sombreval, se tournant à demi vers Néel et le regardant avec des yeux épouvantablement tranquilles dans leur ardeur sombre :

— Je n'ai que Calixte, — fit-il. Oui ! parlez-moi de Calixte ! Il n'y a qu'elle pour moi ! Il n'y a pas de Dieu.

Néel, d'étonnement, avait arrêté son cheval, et comme ils trottaient botte à botte, le cheval de Sombreval s'arrêta comme son compagnon :

— Et vous aussi, Néel, — dit Sombreval, — vous avez cru !... Mais, — fit-il en se reprenant tout à coup, — c'est tout naturel que vous ayiez cru à cette comédie ! C'est tout naturel que vous, qui êtes jeune et qui avez les croyances que j'avais à votre âge et même plus que vous ; que l'abbé Méautis, qui est un prêtre ; que Calixte, qui depuis quinze ans prie pour moi, vous croyiez tous au repentir du vieux Sombreval, quand il vous dit qu'il se repent et qu'il s'en va demander à son évêque une soutane dans laquelle il puisse mourir. Il est tout naturel que les gens de Néhou à qui on le dira dimanche le croient aussi.

Est-ce que la grâce n'est pas là pour expliquer tout des défaillances de nos esprits et des misérables révolutions de nos cœurs ? La grâce m'aura touché ! L'Église, qui sait bien ce qu'elle fait quand elle veut être infatigable au pardon, a inventé la grâce, qui peut toujours reprendre un homme... Mais, Néel, je vous le dis, à vous qui aimez ma fille jusqu'à l'épouser si elle voulait, il n'y a pas eu de grâce pour moi. Je mens quand je le dis ! Entendez-vous ? Je mens ! Je suis toujours le même que j'étais, — le même qu'il y a huit jours et qu'il y a vingt ans.

Je suis toujours ce même Sombreval que vous avez méprisé aussi, vous, quand j'ai pris possession du Quesnay. Je n'ai pas plus de Dieu maintenant que je n'en avais alors... Mon dieu, c'est Calixte ! Voilà mon seul dieu ! Et c'est parce qu'elle est mon seul dieu que je feins de revenir au sien. C'est pour la sauver ; c'est pour qu'on ne me la déshonore pas plus longtemps ! c'est pour qu'elle puisse vivre heureuse avec vous, Néel, avec vous, de cœur assez mâle pour l'épouser et la défendre. Oui, c'est pour cela que le vieux Sombreval, qui ne manquait pas de fierté autrefois, accepte aujourd'hui l'ignoble singerie à laquelle il va condamner sa vieillesse !

Il aurait pu parler longtemps. La foudre de cette déclaration venait de frapper Néel comme la foudre frappe. On reste debout et on n'existe plus. Il existait toujours et il restait droit sur sa selle. Mais la commotion le rendait semblable à un homme stupide.

— Quoi! — dit-il cherchant à comprendre, — tout ceci ne serait qu'une imposture? Oh! que me dites-vous là, monsieur Sombreval!

— Oui, Néel, une imposture, et une imposture volontaire, réfléchie, éternelle! C'est ma vie maintenant. Voilà ce que j'ai fait de ma vie, une imposture! Oui, tout ce qui s'est passé hier et avant-hier au Quesnay, c'est une imposture! Ce que j'y disais, il n'y a pas une heure encore, à mon enfant sur mon cœur, c'est une imposture! C'est une imposture que ce voyage à Coutances, où je vais m'humilier et demander pardon! Mais, Néel, ce qui n'était pas hier une imposture, c'était le bonheur de Calixte! c'était votre joie, à vous tous! Et ce qui plus tard n'en sera pas une, c'est la sainte ivresse de cette âme d'ange quand elle me verra absous et redevenu prêtre et pouvant offrir devant elle et pour elle le sacrifice auquel elle a foi.

Néel avait vingt ans et il aimait Sombreval. Il avait souvent oublié ce que l'ancien prêtre avait été pour ne se souvenir que de son immense amour pour sa fille; mais il eut peur de ce sublime horrible. La messe, redite par cet athée, fut une idée également insupportable à son imagination et à sa foi.

— O terre et ciel ! — fit-il, — monsieur ! Vous auriez l'audace de dire la messe en n'y croyant pas ?...

— Oui, Néel, — dit Sombreval, et d'autant plus que je n'y crois pas. Je suis un athée. Je ne suis pas un sacrilège. On ne profane les choses sacrées que quand on les croit sacrées; mais moi, je suis un incrédule. Aussi ces vieilles mains de savant ne trembleront pas, allez ! quand j'élèverai le calice au-dessus de ma tête, et elles ne trahiront pas mon secret !

— Quel secret ? — fit Néel consterné.

— Ah ! je me suis dit tout ce que vous pouvez me dire, Néel ! reprit Sombreval. Il y a huit jours que toutes les pensées qui s'élèvent maintenant dans votre cœur, je les porte dans le mien et que je me débats contre elles. Croyez-vous que je n'aie pas souffert ! Croyez-vous que la résolution que j'ai prise ne m'a pas été cruelle ?... Un mensonge qui ne finira qu'avec moi ! Mais il fallait sauver Calixte, et à ce prix je la sauve ! Il fallait cela pour que la bassesse d'un mensonge ne répugnât pas au vieux Sombreval !... Croyez-vous, vous qui me connaissez, que je sois fait pour le mensonge, que je sois taillé pour l'hypocrisie ?...

Mais il est des gens qui ont vécu dix ans, vingt ans, trente ans sous un masque scellé par des bourreaux sur leur face écrasée et qui

n'ont pas cessé de respirer là-dessous avec
l'opiniâtreté de la haine ou la vigueur du courage, et moi, moi qui n'ai pas dix ans à vivre,
je ne pourrais pas endurer le poids d'un masque
mis sur mon visage et sur ma vie par ma volonté, et cela pour sauver ma fille ! pour la voir
me sourire ! pour la voir rassurée, guérie, bien
portante, mariée, peut-être un enfant dans les
bras, et me dire : « Père, je suis heureuse
et c'est toi qui m'as faite heureuse ! » Ah !
Néel, — poursuivit-il, le visage enflammé, —
pour cela, qu'est-ce qu'un mensonge ? qu'est-ce
qu'une torture ? Mais je donnerais mon âme
à l'enfer pour cela, si je croyais comme vous à
la justice de Dieu et à l'éternité des peines ! Il
y a eu des hommes de foi, — et de grande foi,
au moyen âge, qui ont souscrit des pactes avec
le démon et qui lui ont vendu leurs âmes pour
moins qu'un amour comme le mien !

Et l'émotion, causée par un dévouement pareil, envahissait Néel et diminuait l'horreur
que Sombreval lui avait d'abord inspirée... Il
recommençait à le trouver grand, cet homme
qui ne perdait de sa grandeur étrange que
pour la reprendre un moment après.

— Je ne sais que vous répondre, monsieur,
fit Néel, avec un soupir. Il n'y a qu'un moment, vous me faisiez horreur, vous et ce que
vous me disiez ; à présent, je vous plains et

presque vous admire... Peut-être n'y a-t-il qu'une vertu dans la vie, c'est d'aimer... Moi aussi, j'aime. L'amour fait comprendre l'amour. Celui en qui vous ne croyez plus disait de la femme coupable qu'il fallait bien lui pardonner, puisqu'elle avait beaucoup aimé, et il vous pardonnera, sans doute, parce que vous avez beaucoup aimé votre enfant... Je n'ai plus qu'à espérer cela, moi qui, comme Calixte, vous croyais repenti et qui sais maintenant ce qu'elle ne doit jamais savoir, c'est que vous ne l'étiez point et que votre existence n'aura plus une minute de vérité à cause d'elle.

Plus une minute de vérité! reprit-il tristement en levant vers le ciel ses yeux jeunes et vaillants qui avaient soif de lumière et disaient la franchise de son cœur, — plus une minute de vérité! Quelle vie pour un homme comme vous, monsieur, car vous êtes un homme comme je n'en connais pas un pour la force, et les hommes forts sont francs comme l'osier !... Que vous allez donc souffrir dans cette vie que vous vous êtes faite! car c'est une destinée, maintenant... Vous avez été pour vous-même le destin. Moi qui crois tout ce que vous ne croyez plus, moi qui ne doute pas des horribles offenses que vous allez faire à votre Dieu, en redevenant son prêtre avec un cœur impie, je sens bien que vous ne pouvez rien sur vous, mais que, même moi, je n'y puis rien non plus.

Je peux physiquement tourner la tête de mon cheval vers le Quesnay, donner de l'éperon et m'encourir vers Calixte pour lui crier : « Empêchez votre père de se jeter dans l'enfer pour vous ! » Mais moralement, je ne le puis pas ! je la tuerais ! Je suis cloué ici, par peur de la tuer. Je sens bien qu'il faut que je la trompe aussi, moi ! Mais, monsieur, pourquoi moi, qui n'ai ni votre incrédulité ni votre force, m'avez-vous lié à votre mensonge, par cette accablante confidence que je ne vous demandais pas ?...

— Mais parce que je t'estime, enfant ! — lui dit Sombreval avec une inexprimable tendresse ; et il lui mit sur l'épaule cette large main qui, en ce moment-là, tremblait. — Plains-toi donc ! N'es-tu pas mon fils ?... Oh ! j'ai entendu dire à quelques mères que l'homme qui aime vraiment leur fille passe dans leur cœur et y devient comme un enfant de plus. Et moi, moi j'aime Calixte comme une mère... Je suis sa mère aussi... Voilà pourquoi, dans le fond de mon cœur, je t'ai fait mon fils et je t'ai parlé comme à mon fils !

Il s'exprimait avec le dernier degré de l'exaltation ; — et cette émotion, cette exaltation que Néel ne lui avait jamais vues qu'avec Calixte, et qui l'assimilaient, lui, à Calixte, — ce brisement dans la sensibilité de ce géant de volonté et de muscle, — ce tutoiement surtout qui disait si bien qu'il n'en pouvait plus de tendresse, tout cela prit Néel et lui fondit le cœur dans la poitrine, et il pleura sans honte, sous cette lumière qui n'avait jamais éclairé de plus nobles pleurs sur un plus beau visage attendri...

— Et d'ailleurs, j'ai peut-être aussi ma faiblesse, malgré ce que vous appelez ma force, mon cher Néel, — fit après un silence ce grand observateur, dont l'œil intérieur ne s'altérait jamais et qui revenait à sa nature, — je n'ai pas réfléchi ! J'ai eu besoin de vous dire un secret qui m'aurait dévoré, si je l'avais gardé en moi !

Ah ! l'Eglise ! l'Eglise ! — fit-il encore. Une des choses les plus vraies qu'elle ait vues, c'est la confession !

XXII

uand Néel quitta Sombreval à la Sangsurière et reprit le chemin du Quesnay, il était abattu et inquiet. L'abattement venait de cette révélation que Sombreval lui avait faite, et l'inquiétude de la nécessité de porter devant Calixte un front qui jusque-là avait été ouvert pour elle et qu'il faudrait maintenant fermer. Maintenant, en effet, il aurait à cacher une pensée qu'il ne partagerait plus avec celle qui avait sa vie, et cette pensée serait cruelle. L'attendrissement enthousiaste qu'avait produit sur lui Sombreval s'était calmé. Il l'admirait toujours... Oui, il ne pouvait s'empêcher de

l'admirer, mais il se demandait si, malgré sa fière énergie, cet homme pourrait comprimer toute sa vie une nature semblable à la sienne, et rester le *masque de fer* de son idée.

Or, s'il ne le pouvait pas, si un jour le front du sacrilège fendait le masque en se gonflant, si la foudroyante vérité allait en sortir sous le coup de quelque providentielle catastrophe, alors l'éternelle question « que deviendrait Calixte ? » lui reprenait le cœur et lui en arrêtait les battements d'effroi, car il savait bien ce qu'elle deviendrait, la malheureuse ! L'idée aussi du mal *en soi*, — du mal *absolu* qu'allait consommer Sombreval, pendant des années, dont on ne pouvait mesurer le nombre, en faisant monter l'athéisme et l'hypocrisie à l'autel ; la damnation certaine de cet impénitent qui allait, tous les jours, boire et manger son jugement éternel avec le pain et le vin du saint calice, ajoutaient aussi la terreur religieuse à la terreur humaine dans ce jeune homme qui n'avait pas la piété de Calixte, mais qui, comme les enfants des gentilshommes de ce pays et de ce temps, était, après tout, un chrétien !

Il s'en revenait donc, triste et préoccupé, refaisant seul la route qu'ils avaient faite à deux, — et cette route, qui n'était pas moins triste que sa pensée, tout en augmentait la tristesse. Il repassa la Sangsurière, un peu au delà de laquelle il avait conduit Sombreval ; espèce d'abîme de limon perfide et dangereux qu'il fallait traverser sur une chaussée rompue, dont les pierres s'écroulaient sous les pieds des chevaux. Le soleil venait de se coucher et, en se couchant, il avait enlevé à ces parages, solitaires et sinistres, au soir, le peu de vie qu'ils avaient, quand avant de tomber tout à coup et de disparaître, il envoyait par quelque trou des haies d'épine noire défoncées, l'aumône d'un dernier rayon au miroir épais de ces fanges...

Ce soir-là, au bord d'une eau qui n'était plus même glauque sous ce ciel éteint, et qu'encaissait une gluante argile aux tons verdâtres, Néel vit une petite fille esseulée, n'ayant qu'un jupon semblable à un pagne et une chemise de chanvre dont ses maigres épaules grandissaient les trous... Elle plongeait courageusement une de ses jambes nues dans le gouffre immonde et pêchait aux sangsues, en faisant un appeau aux âpres suceuses, de sa chair d'enfant. Elle avait déjà étanché, en se la liant avec du jonc, le sang de son autre jambe, car c'est du sang qu'il faut donner pour avoir de ces bêtes à vendre aux herboristes des bourgs voisins, et pour rapporter à la maison un morceau de pain, qui ne refera peut-être pas le sang perdu...

Néel eut pitié de cette enfant qu'il n'avait pas aperçue en passant avec Sombreval, tant ils étaient à ce qu'ils se disaient! et il lui donna tout ce qu'il avait, en pensant à Calixte... La nuit, qui augmente la pitié, la pensive nuit, s'en venant alors dans ses vapeurs violettes, prenait la terre en ses beaux bras mélancoliques, et y étreignait encore plus étroitement le cœur de Néel, agité de pressentiments sombres. Pour échapper à cette étreinte, et surtout pour revoir plus vite *celle* qui l'attendait et lui apprendre que son père avait franchi heureusement le dangereux passage, Néel pressa le pas de son cheval. Il comptait sur les jarrets de la noble bête pour arriver au Quesnay à une heure qui ne serait pas indue encore, et donner à Calixte cette sécurité pour son père avant son sommeil. C'était le mois de juin : les crépuscules sont longs en ces soirées ; l'*Angelus* de sept heures sonnait aux horizons, apporté par le vent des clochers de village qu'on ne voyait pas, à cause des distances... On rentrait les bêtes, comme disent les herbagers. Néel calculait que, si Sombreval et lui avaient, au trot et conversant, mis deux heures pour dépasser la Sangsurière, lui seul et au galop, s'il le fallait, il arriverait bien au Quesnay avant neuf heures.
— Et, de fait, il y arriva.

Il était cependant nuit close. Les Herpin

soupaient dans leur ferme. Mais il n'eut point besoin de les appeler pour qu'ils lui ouvrissent la barrière. Elle était ouverte à moitié, et il n'eut besoin que de pousser du gros bout de sa cravache un des côtés pour qu'il cédât tout à fait. Il descendit de cheval au perron, et comme il jetait sa bride autour d'un des vases de granit pleins de géraniums qui étaient scellés sur la rampe, il vit une forme noire devant lui et il reconnut dans un clair-obscur, plus obscur que clair, la grande Malgaigne, qui était assise sur les marches.

— Quand le maître n'y est pas, dit-elle, — la vieille chienne garde l'enfant et se couche au seuil, par fidélité. Le Quesnay, ce soir, a perdu sa couronne de flammes. Pour que l'obstiné tentateur de Dieu ait éteint, là-haut, son feu impie, il faut qu'il ait quitté le pays !

— Oui, il l'a quitté aujourd'hui même, — répondit Néel, qui n'avait plus au cœur la joie triomphante d'il y avait deux jours, et qui ne pensait plus à dire à la Malgaigne : « Eh bien ! vous vous trompiez, prophétesse de malheurs impossibles ! »

— Ah ! il est parti sans avoir emmené son enfant, repartit la vieille observatrice, — car il y a aux deux fenêtres qui donnent sur l'étang une lueur qui dit qu'elle y est, — et qu'elle veille, — et qu'elle vous attend, monsieur Néel !

Or, pour qu'elle vous attende à cette heure, la céleste fille, il faut que vous veniez de faire la conduite à son père. Vous en venez, mais lui direz-vous tout ce que vous en rapportez?... Lui direz-vous tout ce que vous savez *maintenant*, monsieur de Néhou?...

Toujours (on l'a vu), la grande Malgaigne avait paru extraordinaire à Néel, — mais à cette question si directe, qui l'atteignait au centre même de l'idée qui, depuis deux heures, rongeait sa vie, et que nul que lui et Sombreval, sur la terre, ne pouvait savoir, elle ne fut plus extraordinaire, mais surnaturelle, et tout ce qu'on disait d'elle dans le pays lui paraissait justifié !

Il ne répondit pas, tant il resta stupéfait !

— Non, non, vous ne le lui direz pas ! — reprit-elle avec une mélancolie désespérée, — et cependant vous devriez le lui dire, monsieur Néel ! Il n'y a que vous qui avez noué amitié avec cette enfant, qui pouvez la disposer à apprendre ce qu'elle doit savoir, car elle doit le savoir ! insista-t-elle avec une exaltation croissante...

— Que voulez-vous dire, femme mystérieuse ?... balbutia Néel troublé. Semblable au criminel qui cache maladroitement dans sa main la lampe qui a servi à son meurtre, il avait peine à tenir son secret...

— Oh ! pas de *cacherie* avec moi ! — dit-elle en frappant impatiemment de son long bâton d'épines les marches qu'elle avait sous les pieds. Est-ce que je ne sais pas tout du destin à Jean Gourgues, l'enfant que j'ai élevé au mal et qui ne s'en est pas retiré ? Est-ce que je ne *vois* pas ?.... Est-ce que dans le Bocquenay, il y a une heure, mes Voix n'ont pas *houiné*[1] plus qu'elles n'ont jamais fait depuis qu'elles me persécutent, sous les feuillées ? Est-ce que l'*habit blanc* n'est pas pas dans la lande ! et pourtant ce n'est pas aujourd'hui samedi soir !

— Je ne sais qu'une chose, — dit Néel, à qui cette femme violait la conscience et qui se défendait contre son incroyable sagacité, comme on se défend contre la violence, — c'est que le père de Calixte veut redevenir ce qu'il a été autrefois !

— Oui, — mais vous savez bien qu'il ne le peut pas ! Vous savez bien qu'il n'est pas plus repenti qu'il n'était... reprit-elle avec l'ascendant froid, mais despotique d'un être sûr du fait qu'il affirme. — Et qui souffre le sacrilège le partage ! — ajouta-t-elle sévèrement. La moitié du crime, c'est la complicité !

Il y eut encore un silence. — Néel sentait bien qu'elle avait raison, la Voyante octo-

---

1. Hurlé.

génaire ! Tout bas, sa conscience lui parlait comme cette vieille, assise sur ces marches, et contre elle, comme contre sa conscience, il s'enveloppa de son amour !

— Il faut que Calixte vive ! — dit-il pensivement.

— Mais elle ne vivra pas pour cela !... — fit l'implacable. Seulement elle mourra désespérée, au lieu de mourir tranquille, et voilà ce que vous y aurez gagné !

Le frisson passa sur la poitrine du loyal enfant.

— Elle mourra ! fit-il.

— Vère ! elle mourra ! — dit l'inflexible vieille, — et vous aussi, Néel de Néhou ! Vous êtes fiancés à l'Autel noir et vous serez mariés dans la terre. Mais ne voulez-vous pas l'être, plus haut, au jour des jours ?...

Et elle se leva. Il ne disait rien ; immobile comme l'if de cette terre des morts dont elle lui parlait.

— Allez ! — dit-elle, — allez la trouver, et allez la tromper, vous, fils d'une race qui n'a jamais menti ! Ne lui prenez pas la main ! Qu'elle ne sente pas que cette main est froide et qu'elle tremble, ce soir ! Et ne la regardez pas non plus, car elle verrait derrière vos yeux, au jour de sa lampe, ce qu'une vieille chat-huant comme moi y a vu, dans cette heure de nuit !

Et elle descendit les degrés et s'en alla de son grand pas lent. Elle avait fini ce qu'elle avait à dire, et ce pourquoi elle était venue, solennelle comme un avertissement de Dieu! Et Néel, troublé au plus intime de son être, resta là, un instant, à ce seuil par lequel il se précipitait d'ordinaire, hésitant d'entrer pour la première fois, quand sa Calixte, sa chère Calixte l'attendait!

Il essaya de reprendre l'empire de son âme, puis il ouvrit la porte vitrée du salon et entra dans le vestibule. Le bruit de ses pas sur la dalle marbrée fit venir Pepé, le noir, qui l'éclaira et le conduisit à sa jeune maîtresse.

Avertie, elle vint à lui du fond de cette chambre virginale où une fois il était entré et avait prié avec elle, mais où, à cette heure, la délicate enfant ne le reçut pas. Elle vint à lui dans le salon, tenant à la main une petite lampe de lave qu'elle avait rapportée d'Italie, et qui, l'entourant d'un jour lacté, coulait de molles lueurs d'argent dans l'or de ses cheveux.

— C'est vous, Néel! et même plus tôt que je ne croyais, dit-elle. Merci d'être revenu si vite! Dites-moi où vous l'avez laissé et les derniers mots qu'il vous a dits pour sa pauvre solitaire... maintenant.

— Je l'ai conduit jusqu'au-dessus de la

Sangsurière, — répondit Néel ; et le dernier mot qu'il m'a dit pour vous a été celui-ci : « Qu'elle pense à elle et à sa santé qui est ma vie. Je ne lui recommande pas de penser à moi. Je suis bien sûr qu'elle y pensera toujours. »

Elle sourit presque fièrement de cette confiance, en regardant Néel, dont le visage altéré la frappa.

— Oh ! comme vous êtes pâle ! fit-elle effrayée. Souffrez-vous, Néel ? Pourquoi êtes-vous si pâle ?... Vous vous serez fatigué pour me revenir plus vite, cher et aimable Néel ?...

— Oui, — dit-il saisissant ce motif qu'elle donnait à sa pâleur et craignant qu'elle ne vît *derrière ses yeux,* comme lui avait dit la Malgaigne. Je suis un peu las. J'ai moins de force depuis que j'ai voulu mourir pour vous, Calixte. J'ai moins de vie. Je n'ai pas pu vous donner tout. Dieu ne l'a pas permis. Mais pourtant je vous en ai donné !

Il dit cela avec un charme étrange et en souriant avec un orgueil qui était aussi de la tendresse. Il avait toujours avec elle l'orgueil de cette *folie de mort.* Il en avait l'orgueil et il en avait l'espérance !

— Ah ! fit-elle, ne répondant pas directement, car elle n'aimait pas ce souvenir qui l'émeuvait trop... et donnait à Néel trop d'empire. — Laissez-moi encore vous soigner, cher dévoué à moi !

Et l'entourant de ses bras purs, elle l'assit avec une douce insistance, comme on assied un malade ou un convalescent, sur un petit canapé, à têtes de sphinx, qui se trouvait alors derrière lui, et Néel, heureux de cette familiarité amie, ne résistait pas à ces bras frais dont le contact, au lieu de le troubler, le pénétrait comme d'innocence.

Puis, quand il fut assis, elle alla à un petit buffet d'ébène aux angles de cuivre qui était entre les deux fenêtres, et, y prenant le flacon de tokay dont l'existence, chez Sombreval, avait été une question pour le vicomte Éphrem et pour son compère Bernard de Lieusaint, elle en remplit un verre élancé, à patte de cigogne. Ah ! ce sera toujours un détail poétique et charmant qu'une femme qui met la grâce de ses mains à verser à boire à un homme ! Cette poésie, Calixte l'eut pour Néel. Elle alla à lui, comme à son maître, lui apportant dans ses mains, blanches comme la chair des magnolias, ce verre plein de tokay qui brillait, calice de topaze, au-dessus du plateau de cristal ciselé, où l'oblique lumière de la lampe, dans le clair-obscur de la chambre, faisait trembler des arcs-en-ciel !

Lui, la regardait rêveur, car toute poésie

est grosse d'un rêve. Son rêve, c'était la vie intimé, la vie du mariage avec elle. Et cette vie qu'évoquait à ses yeux de la voir ainsi, devant lui, son plateau à la main, dans ce divin service de l'amour et de la femme qui apporte à son époux, avec la flamme d'un vin généreux, le soulagement, le réconfort, la fortitude, lui effaça d'un seul trait tous les souvenirs et toutes les anxiétés de la journée !

Elle souriait et il buvait lentement, les yeux levés sur elle en lui rendant son sourire par les yeux, car il y a parfois dans les yeux plus de sourire que sur les lèvres.

— Merci, dit-il ; — et que cela est bon versé et apporté par vous ! Oh ! la vie, la vie intime avec vous, Calixte ! ajouta-t-il, quand il eut bu, reprenant tout haut le rêve qu'il avait commencé tout bas et le reprenant avec l'aspiration d'une prière... — En vous voyant, me servant ainsi, moi qui suis bien plus que votre serviteur, j'ai pensé à cette vie intime et... sainte aussi... du mariage... cette vie que vous m'avez refusée et que vous n'avez plus peut-être de raison pour me refuser, à présent que Dieu vous a exaucée. Vous ne voudrez peut-être pas m'être plus cruelle que ne vous l'aura été Dieu.

— Mais elle ne souriait déjà plus, et se transfigurant rien qu'en baissant les yeux, —

comme la Vierge même, — la Vierge immaculée !

— Ah ! cher Néel, — dit elle, avec un accent de reproche, — pouvez-vous bien parler ainsi ? Et parce que Dieu qui ne m'avait rien promis, m'a tout accordé, dois-je aujourd'hui être assez ingrate pour lui reprendre le peu que je lui ai promis ?

A cette parole inflexible et calme, qui lui rappelait l'invincible obstacle de toute sa vie, Néel changea de couleur, et la veine de son front se gonfla, non plus bleue cette fois, mais noire ! Il tenait encore dans sa main l'étincelant verre de Bohême dans lequel il venait de sabler ce vin d'or, changé pour lui en vin de colère ! Avec l'âpre fureur que la résistance de cette enfant à son éternel désir faisait toujours monter dans son cœur, il mordit dans le fragile cristal, qui grinça et éclata sous ses dents courtes. Bruit et spectacle affreux ! le sang jaillit de ses lèvres coupées.

Calixte ne poussa même pas un cri. Mais elle s'effondra sur elle-même, blême comme la mort, — déjà rigide. L'action atrocement sauvage de Néel venait de produire en elle une de ces crises qui depuis quelque temps s'éloignaient, et vis-à-vis de laquelle Néel, puni de sa violence, allait se trouver sans l'assistance de Sombreval.

XXIII

L'ÉVANOUISSEMENT de Calixte glaça tout à coup la colère de Néel, et un épouvantable remords entra dans son âme. Il sentit le mal qu'il avait fait. Fou de douleur, comme il l'avait été de colère, il prit cette fille devenue cadavre dans ses bras désespérés et la porta sur le lit toujours préparé pour elle. Puis il sonna violemment les deux noirs, qui montèrent et ne s'étonnèrent pas de voir leur jeune maîtresse dans cet état, où ils l'avaient déjà tant vue, qui s'en étonnèrent d'autant moins que le *maître de la vie* s'en était allé. Le *maître de la vie*, pour ces natures grossièrement idolâtres, c'était Sombreval depuis qu'il les avait guéris.

A dater du moment qu'il avait soigné et soulagé ces deux horribles rebuts du monde, Sombreval avait pris, à leurs yeux, les proportions d'un être surnaturel. Il était pour eux plus puissant et plus redoutable qu'aucun de ces jongleurs qui règnent si despotiquement sur l'imagination fanatisée de leur race... Et comme ils croyaient que la vie lui obéissait, ces esclaves jusqu'à l'intelligence, qui n'avaient dans leur crâne étroit que des notions d'esclaves, s'imaginaient aussi que, le *maître* parti, la vie devait profiter de son absence pour se révolter.

Néel éperdu leur demanda ce qu'ils avaient coutume de faire quand ces crises surprenaient Calixte et fondaient sur elle, — mais ces brutes lui dirent qu'elles ne faisaient rien et que le *maître de la vie* touchait seul à l'enfant morte, quand il fallait la ressusciter... Idée nègre, qui n'était par plus bête qu'une autre, après tout, car la vie suspendue est-elle vraiment la vie ? Ces deux noirs croyaient que Calixte mourait chaque fois qu'elle tombait évanouie et qu'elle ressuscitait par la magie de Sombreval. Ils n'apprirent donc à Néel que ce qu'ils savaient, c'est que Calixte, une fois couchée et étendue comme elle était là, restait indéfiniment dans cette immobilité, glacée et terrifiante, jusqu'au moment où, selon eux, Sombreval forçait la flamme de l'existence à revenir dans ce corps qu'elle avait abandonné.

Hélas! Néel ne pouvait pas s'abuser sur le pouvoir surnaturel de ce père attelé, depuis tant d'années, à l'idée de trouver une combinaison de substances qui devait guérir son enfant, et qui ne la trouvait pas, malgré son génie! Il avait vu Sombreval auprès de ce lit où gisait cette malade qui impatientait et humiliait une science colossale pourtant. Il se rappelait qu'il l'avait vu désarmé et impuissant contre ces évanouissements tenaces, qui duraient quelquefois plusieurs jours, et qu'il fallait seulement surveiller. Ils étaient suivis, en effet, d'actes somnambuliques dont le réveille soudain pouvait être extrêmement dangereux.

Calixte ne sortait jamais de sa rigidité cataleptique pour rentrer, de plain-pied, dans la vie normale. Elle passait toujours par un état de somnambulisme intermédiaire, plus effrayant que la catalepsie elle-même, car le catalepsie figure tout simplement la mort, qui est un phénomène naturel, tandis que la somnambulisme, où la mort présente tous les caractères de la vie et même d'une vie supérieure, est le renversement de tous les phénomènes naturels, du moins de ceux-là que nous connaissons.

Une fois tombée en somnambulisme, Calixte

pouvait sortir de son lit et se livrer à tous les actes incompréhensibles de cet état resté encore jusqu'à cette heure, malgré le progrès de la science, si profondément mystérieux. Vous vous rappelez qu'un soir on l'avait surprise sur les bords de l'étang, pieds nus, marchant où tout être humain, réduit à ses seules forces naturelles, aurait glissé et serait tombé au fond du gouffre.

Une autre fois, on l'avait aperçue escaladant les murs du château et se risquant, avec une lucide adresse, sur cette ligne, étroite comme une corde, que forment, en se rejoignant, les deux côtés du toit, adossés l'un à l'autre, entre les cheminées et les girouettes... Phénomènes qui n'étonnent plus maintenant, tant l'état nerveux du monde, surexcité par une civilisation excessive, a changé en un demi-siècle ! mais qui, alors inconnus, n'avaient qu'un nom dans cette contrée chrétienne et simple : — « la punition de Sombreval. »

Néel, qui ne voyait que Calixte, ne pensait pas à ses lèvres saignantes et blessées. Il se révoltait contre sa violence. Il s'accusait de cruauté. Il se disait qu'à peine Sombreval parti, il payait la confiance de ce père en abattant le mal sur son enfant, et il ne savait même pas combien de temps durerait ce mal dont il était la cause ! Il éprouvait la plus grande douleur de la vie, le remords d'avoir fait à un être adoré un mal irréparable, sur lequel il ne poupouvait rien. Il voulut se persuader pourtant que cette crise n'était qu'un évanouissement ordinaire, et il resta auprès du lit de la jeune fille avec les deux noirs qu'il avait appelés, espérant toujours qu'elle reprendrait connaissance et qu'il pourrait, avant de retourner à Néhou, lui demander pardon de la violence qu'il se reprochait.

Mais les heures s'écoulèrent sans amener aucun changement dans l'état de prostration et d'insensibilité de Calixte, et Néel atteignit le matin sans avoir surpris un seul battement d'artères qui pût faire croire que la jeune fille ne fût pas morte. « Si pourtant je l'avais tuée ! » se disait-il en s'épouvantant de cet état, si semblable à la mort, dans lequel il l'avait fait tomber ; et, pour ne pas devenir complètement insensé, il avait eu besoin de se rappeler ce qu'il savait de la maladie de Calixte et tout ce que lui en avait dit Sombreval.

Brisé par les émotions de cette nuit, ivre de douleur, d'impatience et d'anxiété, car il n'était jamais possible de prévoir le temps que devaient durer les crises de Calixte, obligé de retourner à Néhou quelques heures, il quitta le Quesnay aux premières blancheurs de l'aube et dit à Pépé et à Ismène qu'il reviendrait dans la journée. Il était sûr de la fidélité animale de ces êtres superstitieux et reconnaissants, qui d'ailleurs aimaient Calixte, à leur manière, et qui croyaient qu'absent, Sombreval n'en avait pas moins l'œil sur eux.

Quand il revint au Quesnay, peu de temps après, il les retrouva à la même place, aussi immobiles que Calixte elle-même, accroupis sur le tapis, comme deux idoles noires, silencieux et consternés, comme ils l'étaient toujours quand la jeune fille avait ces crises qu'ils imputaient peut-être à quelque démon. L'homme se tenait le front dans ses mains et les coudes sur les genoux et suivait, de ses yeux pesants et dilatés, les mouvements de sa femme, rafraîchissant le visage de Calixte avec un éventail de plumes et en chassant, de temps à autre, quelque mouche qui s'en venait bourdonnant de la vitre et qui prenait, sans doute, cette pâle et ronde joue pour une fleur...

Le silence qui pesait dans ce salon très vaste était presque religieux. Il semblait qu'on y gardât une morte : et cette idée de mort devenait une inquiétude qui allait s'accroître d'heure en heure et qui commençait à s'acharner sur le cœur de Néel... Lui, il entrait dans ce grand salon comme il serait entré dans une église. Il interrogeait ce pouls qui ne battait plus. Il prenait cette main de marbre froid, sur laquelle il ne posait même pas ses lèvres blessées, cette main qu'il aurait peut-être embrassée si Calixte avait eu sa connaissance, mais que, dans la délicatesse de son amour, il aurait cru profaner en la baisant alors qu'elle ne pouvait plus la lui refuser.

Quelquefois il priait pour que cette crise ne durât pas, mais il priait mal, car le Dieu de sa vie était sur ce lit, le Dieu qui lui avait pris l'âme, cette âme qu'il nous faut toute pour bien prier ! Il vint plusieurs fois dans la journée ; il vint aussi la nuit suivante. Dans ce singulier château, gardé par la terreur et la répulsion qu'inspirait Sombreval, la grande barrière de la cour restait toujours ouverte, et la porte vitrée du perron ne se barrait pas. Néel, qui connaissait les êtres de cette maison par lui si hantée, y pénétrait à toute heure sans le moindre obstacle. Il entrait, la nuit, d'un pied sûr, à tâtons, dans le vestibule et allait au salon, où il trouvait le même silence, la même immobilité et les mêmes attitudes qu'il y avait laissés quand il en était sorti. Il n'y avait que le jour de moins et une lueur de lampe de plus.

Alors il s'informait, disait quelques mots à ces deux noirs qu'on eût dit figés près de cette blanche jeune fille morte, — puis il recommençait de se pencher sur ce visage où il cherchait deux vies, — celle de Calixte et la sienne, — s'asseyait, l'admirait encore, cet être d'une beauté si pure qu'on aurait dit que l'âme qui l'avait quittée se réfléchissait dans cette beauté pure, du haut du ciel! Enfin de la fille passant au père, il songeait longuement à Sombreval, à cet hypocrite sublime et effrayant dont seul il savait le secret, et qui, là-bas, où il était, ne se doutait guère que Calixte était retombée dans une de ses crises contre lesquelles il avait lutté comme on lutte contre un ennemi abhorré, — et qui avait été vaincu.

Le soir du troisième jour, il ne revint pas seul. Il amena l'abbé Méautis. L'abbé était la seule personne à qui Néel pût parler du Quesnay et de Calixte, et il mit l'âpre bonheur de s'accuser, que connaissent les âmes repentantes, à dire au prêtre le crime de violence qu'il avait commis. Néel ne cacha même point à l'abbé le sujet de la colère qu'il avait montrée devant Calixte. Seulement l'âme pieuse du prêtre, ravie de voir sa chère pénitente persister dans la résolution qu'elle avait prise d'accomplir son sacrifice à Dieu, cacha sa joie au pauvre Néel. Le saint curé aimait Calixte pour le ciel, et il préférait la voir monter au rang des Anges sur l'échelle sanglante des sacrifices à la voir rester sur terre, mariée à Néel et heureuse du bonheur le plus légitime et le plus pur.... D'ailleurs, d'un tact trop fin pour donner à Néel un conseil que Néel ne lui demandait pas, il ne lui dit point que le mariage rêvé avec cette fille vouée à Dieu était impossible et qu'il n'avait plus qu'à épouser la fiancée choisie par son père, cette belle et grande fille dont tout le pays plaignait l'abandon. L'abbé Méautis renferma en lui ses pensées.

Pour y faire diversion, il parla de ce jour, à la veille duquel ils étaient; de ce jour qui devait être une fête dans le cœur de Calixte et que probablement elle ne verrait pas. C'était, en effet, le lendemain que le curé devait apprendre à sa paroisse, du haut de la chaire de Néhou, la conversion de Sombreval. Cette douceur chrétienne de prier pour son père, en communauté avec les fidèles, Dieu l'ôtait à Calixte, et si le saint prêtre n'en murmurait pas contre Dieu dans l'optimisme de sa foi, il s'en affligeait pour Calixte. Il savait combien elle regretterait de n'avoir pas vu ce moment où l'on aurait proclamé le retour à Dieu de son père, et où les yeux durs de ces paysans, toujours armés et méprisants, se désarmeraient de leur dureté et se tourneraient vers elle, avec respect et sympathie, pour la première fois.

Et les prévisions du curé se réalisèrent. Calixte, dont la crise continua, ne put être à l'église, le lendemain. Quoique Sombreval fût parti, il y avait près de quatre jours, rien n'avait transpiré de son départ dont la cause, dite par le curé en pleine chaire, frappa d'étonnement les paysans comme si la main de Dieu fût sortie visiblement du Tabernacle et eût projeté son ombre gigantesque sur la voûte de leur église. Malgré l'incrédulité à laquelle on était disposé à l'encontre d'un événement aussi peu attendu et avec un homme aussi perdu dans l'opinion que Sombreval, le lieu dans lequel cet événement était annoncé, la bouche qui l'annonçait, tout obligeait à croire.. et les plus têtus baissèrent la tête, au lieu de la branler aux paroles de joie et de réconciliation que prononça l'abbé Méautis !

Avec l'adresse d'un homme qui sait comment se manient les âmes, l'abbé, ce jour-là, commença le travail qu'il avait promis à Sombreval de faire sur l'opinion, dans l'intérêt de Calixte, la calomniée. Il dit que les vertus de la fille, qui ne l'avaient pas toujours défendue contre des pensées et des paroles outrageantes, mais qu'il avait, lui, plus qu'un autre, pu apprécier, avaient enfin obtenu de Dieu pour son père la grâce d'une conversion qui devait remplacer par l'édification un grand scandale... Il ne pesa pas sur cette première impression... Il savait que ce premier coup dans les esprits devait être porté moins fort que juste. Et d'ailleurs, pourquoi aurait-il insisté ? Avec l'immense place que tenait Sombreval dans l'imagination publique, il aurait toujours bien l'occasion d'y revenir.

Est-ce que les quelques mots qu'il venait de prononcer n'auraient pas pour échos toutes les chaires des paroisses voisines et ne seraient pas commentés dans tous les cimetières d'alentour ? En ce temps-là, dans la presqu'île du Cotentin, l'opinion publique s'ébauchait, avant ou après les offices, dans les cimetières qui ceignaient l'église, pour s'achever sous les tentes des Assemblées et les poutres des cabarets. Tous les dimanches, avant et après la messe, mais plus particulièremeut après les vêpres, des groupes se formaient, en grand nombre, parmi ces paysans, dispersés toute la semaine dans les champs, et ils restaient à *deviser*, comme ils disaient, les hommes debout entre eux, et les femmes entre elles, assises sur le talon de leurs sabots dans l'herbe haute et verdoyante de toutes ces tombes ou sur la barre peinte en ocre, des échaliers ; et le soleil couchant, longtemps encore après complies, éclairait, de ses rougeurs mélancoliques, les derniers de ces groupes attardés.

Or, le soir de ce dimanche-là, ils venaient tous de disparaître. Le dernier s'était lentement égréné et les deux personnes auxquelles il s'était enfin réduit avaient tourné derrière l'épine qui surmontait le petit mur du funèbre enclos pour aller jouer une partie de quilles, à quelques pas de là, à la *Corne-Verte*. Le cimetière paraissait n'avoir plus en son enceinte âme qui vive, quoiqu'il y eût encore une personne cachée (car elle était assise à terre) par le seul tombeau qui dominât, de son granit bleuâtre, toutes ces tombes de gazon, semblables aux vagues figées d'une mer immobile.

Ce tombeau etait celui de la mère de Néel, cette blanche Polonaise, ce beau grèbe du Nord qui était venu mourir aux marais de Néhou après que l'émigration fût rentrée.... La Révolution, qui avait pris aux nobles même leurs sépultures, ne permettait pas qu'on les enterrât sous leurs bancs d'église ou dans leurs caveaux de famille, et Casimire-Gaëtane, deux fois expatriée, reposait au milieu des ces humbles poussières qui n'étaient pas les cendres des siens... La personne assise par terre dans l'ombre projetée du tombeau que le soleil couchant allongeait, était l'éternelle rôdeuse de cette histoire.

C'était la grande Malgaigne. Elle avait remarqué l'absence de Calixte à l'église le matin. Elle avait deviné que la jeune fille était malade pour n'être pas venue rendre grâces à Dieu, un pa-

reil jour, et elle croyait bien qu'après les vêpres
l'abbé Méautis descendrait, tout en disant son
bréviaire, les pentes de la butte qui conduisaient
au Quesnay. Elle avait résolu de parler à l'abbé
Méautis, comme elle avait parlé à Néel, qui
n'avait pas voulu la croire! Aussi, quand elle
l'entendit fermer son église à la clef, se leva-t-
elle et alla-t-elle au prêtre, qui tressaillit en se
retournant, car il se croyait seul.

— Vous tressautez, monsieur le curé, fit-elle.
Il y a donc quelque chose qui vous avertit que
je suis un oiseau de mauvais augure?...

— Qu'y a-t-il donc, la Malgaigne? — dit
l'abbé de sa voix douce, mais troublé déjà. Il
était ému de l'air solennel de la vieille et de
ses mains tremblantes qui n'avaient jamais
ainsi tremblé sur son bâton d'épine, mais aussi
déjà il était tout prêt à la résignation et à la
pitié.

— Il y a, dit-elle, que la chaire de vérité a
retenti, ce matin, d'un mensonge, monsieur le
curé, et que c'est vous, vous la sainteté même,
qui l'avez prononcé d'une bouche innocente.
Sombreval, *soi-disant* parti pour Coutances,
touché de la grâce et voulant reprendre sa
prêtrise, est une fausse *dierie* qui, d'*à* matin,
gagne par tout le pays et qui aura fait, ce soir,
combien de lieues? Et cependant, c'est un abu-
sement! Sombreval vous a menti à tous! à

vous, — à sa fille, — à monsieur Néel, — mais il n'a pas changé !

— Folle ! alla pour dire l'abbé, — mais il s'arrêta devant ce mot cruel qui exprimait le malheur de toute sa vie. Au moins, ne parlez pas si haut, reprit-il après un silence. Ce mur n'est ni élevé ni épais, et les passants peuvent vous entendre dans le chemin qui est à côté.

— Et quand tout Néhou entendrait ! — fit-elle. Il vous a bien entendu, à matin, monsieur le curé ! Est-ce que la vérité n'est pas toujours connue ?... Est-ce qu'elle ne crève pas toujours la toile des menteries dans laquelle on veut l'envelopper ?... Ah ! monsieur le curé, si vous laissez s'accomplir le nouveau sacrilège que Sombreval veut ajouter à l'autre, est-ce que vous croyez que Dieu, un jour, ne lui brisera pas dans les dents le calice dont il va faire une jouerie, par furie d'amour pour son enfant ?

— Mais qui vous a dit de pareilles choses, la Malgaigne ? demanda l'abbé, sévère comme il l'était toujours quand il rencontrait cette tenace exaltation dont il connaissait la réponse.

— Mes Voix ! fit-elle.

— Oui, toujours vos visions ! dit le prêtre avec la commisération pleine de mélancolie qu'il avait pour toutes les démences, ce pauvre fils de folle affligée. — Mais, ma vieille Malgaigne, j'aime mieux croire à ce que i'ai vu qu'à ce que vous entendez, le soir, dans les ramures du Bocquenay. C'est vrai, — ajouta-t-il rêveusement, — que les âmes ne sont pas transparentes, mais j'aime mieux croire à Sombreval qu'à vous !

Et comme importuné et presque impatienté par cette hallucinée, il fit un geste pour passer en l'écartant, quand elle, très grave et très recueillie :

— Mais il ne s'agit plus de Sombreval ! — dit-elle. — Mais lui, Sombreval, est damné ! Calixte est morte ! Néel de Néhou, marié avec elle dans la mort ! Ils sont tous perdus ! Quand en plein jour, en plein midi, je me retourne dans la *lande au Rompu* et que je cherche le Quesnay à sa place ordinaire dans la vallée, il n'y est plus ! Il a fondu. Je n'en avise pas même une pierre. L'étang même n'a plus figure d'eau. L'herbe y croît comme dans une prairie. Ah ! il ne s'agit plus du Quesnay, ni de Sombreval, ni de sa fille, ni de monsieur Néel, ni de choses, ni de créatures ! Il s'agit de Dieu, monsieur le curé ! Oui, de Dieu, insista-t-elle, s'élevant tout à coup aux yeux du prêtre, comme si elle se fût fait de ce grand mot de Dieu un escabeau, qui, physiquement, la grandissait, — oh ! monsieur le curé, vous le prêtre de Jésus-Christ, vous allez donc laisser profaner et pour combien de fois, le corps et le sang de Notre-Seigneur par celui qui jusqu'ici ne l'avait encore que renié? Et rien ne vous crie dans le cœur quand vous souffrez qu'une telle profanation s'accomplisse : « Rappelle-toi l'hostie de Salsouëf ! »

Et elle s'arrêta sur ce mot qu'elle lui avait lancé, sûre que c'était une foudre... et que, s'il n'en était pas terrassé, il en emporterait au moins l'éclair ! Elle ne se trompait pas. Un tel mot pour le prêtre avait subitement détruit, effacé l'hallucinée. Pour lui, il n'y avait plus là de visionnaire ; il n'y avait que la chrétienne qui était le fond de cette âme troublée et dont lui, confesseur de cette âme, connaissait la grande foi...

La circonstance que la Malgaigne venait d'évoquer, rappelait à l'abbé Méautis un fait de sa jeunesse accompli avec la simplicité héroïque d'une âme comme la sienne. C'était dans les premières années de son ministère. Une maladie du caractère typhoïde le plus effrayant, sortie de ces fondrières, incessamment crevées et remuées par le pied des bestiaux, dans les marais qui bordent la Douve, — une espèce de peste à laquelle les médecins de la contrée ne surent pas même donner de nom, tomba sur Salsouëf, la plus pauvre et la plus chétive paroisse qui soit accroupie dans la vase de ces marécages, si beaux à l'œil, de loin, dans leur verte étendue ; si mortels, de près, dans leurs miasmes putrides — vaste émeraude, à travers laquelle suinte un poison ! Tout le temps que durèrent les ravages de cette épouvantable maladie, qui traça pendant bien des mois, entre Salsouëf et les autres localités voisines, l'invisible cordon sanitaire de la peur, non-seulement l'abbé Méautis assista les mourants, mais il finit par ensevelir les morts, car dans ce pays, qui aime l'argent pourtant et qui a du courage, on ne trouva bientôt plus, pour de l'argent, des ensevelisseurs. Or, un jour que ce Belzunce obscur d'un pauvre village, qui l'a oublié, venait de donner les derniers sacrements à un de ces malades qui mouraient tous dans ses bras, les uns après les autres, le mourant rejeta tout à coup violemment l'hostie dans un de ces vomissements qui étaient le symptôme le plus incoercible d'une maladie dont tous les caractères rappelaient ceux d'un empoisonnement, et c'est alors que l'abbé Méautis avait ramassé cette hostie souillée et que, sans horreur, il avait communié avec elle... Il aurait pu la brûler, dirent les prêtres dans le temps, mais il n'y pensa même pas. Dans une émotion que la foi et l'amour peuvent faire seuls comprendre, il courut au plus sublime par le plus court et se jeta au martyre du dégoût, plus grand pour certaines organisations que le martyre de la douleur ! On regarda comme un miracle que l'abbé Méautis ne mourût point... Il vécut et n'eut pas, en pensant à une action dans laquelle le surnaturel l'avait emporté sur la nature, les pâleurs et les convulsions qui prenaient mademoiselle de Sombreuil, lorsqu'elle pensait au verre de sang qu'elle avait bu pour sauver son père... Plus prêtre qu'homme, l'abbé Méautis n'avait vu que la profanation physique du voile sous lequel Dieu descend dans ses créatures et se fait un tabernacle de leur chair. Mais la poitrine d'un sacrilège, l'indignité du cœur qui allait abuser du pain des Anges était une profanation bien plus terrible que le vomissement involontaire d'un mourant ! Et la Malgaigne, voulant ce qu'elle voulait de l'abbé Méautis, avait fait une chose puissante de le lui rappeler.

Il n'avait rien dit, mais il n'était point passé : il avait même reculé de quelques pas et il méditait en silence. Il était frappé... S'il y avait une exaltation qu'il condamnait dans la Malgaigne, il y en avait une autre qu'il estimait. Nous avons tous nos tentations, pensait-il souvent, ses visions sont ses tentations, à elle. Chacun porte la peine et garde la mauvaise odeur de son péché, imprégné dans les plis de son âme, même après que des vertus tardives l'ont purifiée.

Ce sont les hantises acharnées du Démon auquel elle avait donné une part de sa vie, et qui, infatigable, revenait, la tentant toujours, cette femme dont la curiosité et l'orgueil de savoir les choses de l'avenir, avaient été les seuls vices pendant une jeunesse gardée virginale, quand elle avait été le plus loin de Dieu. Pour la mieux tenter, le Démon, qui rôde autour de nous à ses heures, et à qui Dieu permet d'avoir des favoris, comme lui-même a les siens, ne pouvait-il pas investir d'une certaine puissance l'âme qu'il voulait reprendre à Dieu ?

L'abbé déniait cette puissance à la Malgaigne pour qu'elle n'en fût pas enivrée. Il la lui déniait partout, même au confessionnal ; mais son sens théologique était trop acéré et trop profond pour nier absolument, au fond de sa conscience, la réalité de ce qu'il affectait de mépriser. Il avait souvent reconnu dans la grande Malgaigne d'étonnantes intuitions et des prévoyances qui touchaient presque au merveilleux, et tout cela qui lui affluait à l'esprit et à la mémoire jetait alors le pauvre abbé dans l'anxiété et dans l'angoisse.

Il ne voulait pas montrer son trouble, et voilà pourquoi il avait fait d'abord un mouvement pour passer outre ; mais plus que troublé par cette dernière parole, par ce rapprochement évoqué entre l'hostie tombée dans les immondices de la chair qui ne sont que de la matière et ses molécules, après tout, et le nombre des hosties qui allaient, si Sombreval était un imposteur, tomber dans la souillure de l'âme qui est le péché et le mal..., il avait le frisson qui prend tout être pur devant le gouffre du mal et du péché. Ce n'était pas pour Sombreval qu'il souffrait, malgré sa charité infinie, c'était pour Dieu ! Si Dieu, à la hauteur inaccessible qu'il habite, est au-dessus de tout outrage humain, les Anges adorateurs qui l'entourent, les Chérubins, qui l'aiment avec des ardeurs inconnues aux amours de la terre, sentent, eux, l'outrage fait à leur Dieu, et ils en souffrent, dans leurs splendeurs et leurs béatitudes, non pour l'homme qui le fait, cet outrage, mais pour le Très-Haut, quoiqu'il soit le Très-Haut et que l'outrage ne l'atteigne pas ! Le ciel lui-même ne change rien à l'essence des choses. L'essence de l'amour n'est-elle pas de souffrir pour l'objet aimé, plus qu'il ne peut souffrir, et même quand il ne souffre pas ?...

C'est cet amour des Anges et des Chérubins qu'éprouvait l'abbé Méautis, et c'était aussi leur souffrance ! En proie aux incertitudes les plus cruelles, il quitta, toujours silencieux, la Malgaigne, ne rentra pas au presbytère, et les clefs de son église à la main, sans chapeau, n'ayant sur la tête que sa calotte de velours noir, que le temps jaunissait comme une feuille d'automne, il s'en alla du côté de la butte par laquelle on descendait au Quesnay. Les âmes ont un courant. Il allait à Calixte. Il croyait peut-être que Dieu l'y menait.

Mais ce qu'il devait voir au Quesnay n'était pas de nature à calmer ses agitations. Calixte n'avait pas repris connaissance. Elle était toujours sur le lit où on l'avait déposée plutôt que couchée, rigide, mate et blanche, dans sa couverture verte, comme une statue tombée de son socle sur l'herbe moirée d'un gazon... Il y avait cinq jours que les fonctions extérieures de la vie étaient en elle totalement suspendues...

Elle avait eu des crises plus effrayantes peut-être, lorsque, dans des bonds et des grimpements monstrueux qui défiaient la force ou la vigilance de son père, elle avait, cet être habituellement pâle, doux et pliant comme un lis submergé de rosée, montré tout à coup la force d'étreinte du crabe et la souplesse du chat sauvage ; mais elle n'avait pas eu, — du moins au Quesnay, — de crise plus inerte, plus morne et plus longue.

Néel était allé plusieurs fois au bourg de S... chercher le vieux docteur d'Aire, qu'il avait trouvé, selon son usage, lisant son favori Montaigne, au coin de son feu, entre les feuilles de son petit paravent de laque, et qui avait décroché du mur son manteau bleu flore, à galon d'or sur le collet, contre la fraîcheur des soirées, et enfourché son petit cheval gris avec répugnance, car l'état de Calixte, névrose exceptionnelle et compliquée, déconcertait la science du docteur et embarrassait son scepticisme.

C'était un sceptique, en effet, que le docteur d'Ayre, mais un sceptique aimable. Il était fou de Montaigne, dont il avait fait son bréviaire et qu'il ne lisait pas *pour des prunes,* — disait le vicomte Éphrem, dont il soignait les gouttes sans les guérir, bien entendu! Orné d'une vaste littérature médicale, il ressemblait à cet historien de nos jours qui s'est cru, au pouvoir, un grand politique, mais qui l'a cru tout seul. L'étendue de ses connaissances avait donné de l'indécision à son coup d'œil.

Le docteur d'Ayre avait l'avantage sur l'historien en question qu'il ne se croyait pas un grand médecin... Il n'avait (affirmait-il) que de l'expérience, et il disait que c'était tout, et qu'une garde-malade intelligente, qui aurait vu autant de malades que lui, l'aurait valu. C'était peut-être vrai. Comme les médecins d'autrefois, il n'était que médecin et se serait cru déshonoré s'il avait touché de ses blanches mains ridées à un instrument de chirurgie. Aussi n'avait-il pas été appelé au Quesnay lors de la chute de Néel.

C'était un homme de taille moyenne et de geste vif, qui ressemblait à un portrait de bonbonnière un peu effacé par le temps. Il avait sur les beaux plans de ses joues blanches de petits réseaux d'un vermillon pâli qui disaient bien que dans sa jeunesse il devait avoir ce *beau teint* cher à nos grand'mères, et il l'adoucissait encore par la poudre qui tombait en frimas odorants sur le col de son habit et emplissait jusqu'à la patte d'oie qui bridait ses yeux bleus et fins.

Attestant son temps par son costume, il portait la culotte défunte du dix-huitième siècle, à boucles de strass aux jarretières, et des bas de soie chinés, par-dessus lesquels il mettait des bottes à revers, couleur ventre-de-biche ou pistache, selon le temps... ou l'idée ! Il avait gardé, quand il était à pied, la canne à pomme d'or, de tradition, depuis Fagon jusqu'à Vicq-d'Azyr, son ami et son compatriote. Enfin il se servait de la boîte d'écaille pleine de pastilles, et il était une des trois queues de la contrée qui apparaissaient hardiment encore à l'horizon, par-dessus les flots envahissants de la *titus,* alors victorieuse !

On l'avait vu pendant la Révolution sacrifier ses chères *ailes de pigeon,* par dégoût assez légitime des ciseaux que messieurs les Bonnets Rouges, dans leurs jours de plaisanterie, mettaient au bout de leurs bâtons en guise de piques, et qui leur servaient à *touzer* les aristocrates (style du temps). « Puisque c'étaient « des *ailes de pigeon,* — disait-il en riant, — « elles pouvaient bien s'envoler, surtout quand « on plumait tant l'innocence ; » mais sa queue, il y avait tenu !... Ce n'était ni la longue et majestueuse queue militaire du vicomte Ephrem, ni le plantureux catogan de Vigo. C'était une petite queue vipérine très mince, très serrée et très courte et qui, toujours prise entre la tête poudrée du docteur et le collet de son habit, avait l'air de se moquer par derrière de ce qu'il disait par devant.

Justement, il était encore là, mais il allait en partir, le docteur, quand l'abbé Méautis entra dans le salon du Quesnay. Il l'y trouva prescrivant des applications de valériane et de musc, et essuyant avec le mouchoir de la jeune fille les grosses larmes qui commençaient de pleuvoir de ses yeux fermés à travers ses cils d'or, et qui s'en allaient ruisselant sur ses joues inanimées, — si lisses qu'elles ne les gardaient pas !

— Est-ce la fin de cette malheureuse crise,

monsieur, demanda le curé au docteur, — lequel frotta sa queue contre son collet, en allongeant et en faisant un petit *peutt!* qui était probablement toute son opinion, dans la circonstance. — Les larmes que répand cette enfant, continua l'abbé, malgré le *peutt* du sceptique, — sont-elles un bon ou un mauvais signe? Sont-ce des larmes, purement physiques, dues à la détente des nerfs qui vont reprendre leur jeu régulier? ou bien seraient-ce des larmes d'âme?... — ajouta-t-il avec sa candeur habituelle.

— Je ne sais pas, — dit le docteur, de sa petite voix mordante — ce que vous appelez des larmes d'âme, monsieur le curé; mais si vous voulez dire par là que cette belle enfant souffre et a conscience de ce qu'elle souffre, eh bien! franchement, je ne le sais pas plus que vous. Tout ce que je sais, c'est que cette jeune fille est dans un état auquel la science, avec son bagage actuel, ne comprend absolument rien.

Aujourd'hui, nous voyons des phénomènes, je ne dis pas tout à fait nouveaux — ce serait trop! — mais fort mal observés autrefois. Il s'agit de les observer mieux. C'est un champ qui peut être immense, mais nous y faisons les premiers pas et nous avons à nous défier de tout et particulièrement de nous, qui sommes nos seuls instruments d'observation à nous-mêmes..., des instruments diablement délicats, — ajouta-t-il après une pause, — diablement faciles à fausser, car ils sont sortis de cette fabrique de la Nature, qui ne se recommande pas positivement par la solidité de ses produits!

Et il salua l'abbé Méautis sans s'interrompre.

Ah, oui! — continua-t-il, — il faut se défier de tout cela! Si j'étais mon confrère de Valognes, le docteur Marmion, qui ne doute de rien, lui! qui a connu Mesmer et son baquet et qui admet les influences magnétiques, comme vous, monsieur le curé, vous admettez le bon Dieu, j'aurais, palsembleu! une réponse toute faite à votre question. Mais n'étant simplement que moi et ne désirant nullement entrer dans la peau de mon confrère Marmion, qui n'est pas plus jeune que la mienne, je vous avouerai très humblement que je n'en ai pas.

Mademoiselle Calixte Sombreval est, depuis sa naissance, à ce qu'il paraît, la proie d'un mal mystérieux et impénétrable. Impénétrable! ma foi! on peut risquer le mot. Nous avons bien là quelques symptômes connus, par exemple de la contracture, de la convulsion tonique permanente et une roideur particulière aux muscles soumis à l'action de la volonté, enfin un état approchant du tétanos sans lésion traumatique, du tétanos spontané, et par-dessus le marché peut-être se mêle-t-il à tout cela une influence hystérique, encore obscure et mal caractérisée, mais les symptômes... les tenons-nous tous ?...

Le diagnostique est si incertain qu'on ne peut s'y fier, dans ces perturbations profondes, qui sont peut-être le renversement, de fond en comble, du système nerveux. Voilà tout ce que je sais de présent, monsieur le curé! C'est le « *Je ne sais rien* » du philosophe Socrate. Je ne suis qu'un vieux praticien.: pas un zeste de plus! et j'ai toujours aimé à sentir la terre ferme sous mon pied, — fit-il en tapant légèrement sur le point de Hongrie du parquet de sa botte à revers pistache, — mais mon confrère Marmion est plus hardi que votre serviteur. Il a toujours méprisé le *plancher des vaches* en médecine. C'est un crâne... Moi, j'aimerais mieux un cerveau, hé! hé! (et il se mit à rire, toujours médecin, même dans la plaisanterie). S'il était ici, ce diable de Marmion, il vous dirait que l'état dans lequel vous voyez cette jeune fille, et que je crois, moi, très dangereux, est un état, en bien des points, supérieur à l'état normal... ordinaire, car pour certaines organisations, il est peut-être l'état normal.

Il vous dirait que la science, un jour (mais

quel jour?) en tirera un parti superbe et enfin que nous sommes (nous les d'Ayre, mais non les Marmion!) des ânes bâtés et sanglés, qui prenons, révérence parler, notre cul pour nos chausses, — comme dit, sans se gêner, Michel Montaigne — et des facultés pour des maladies.

Oui, monsieur le curé, des facultés! rien que ça! excusez du peu! reprit-il avec plus d'entrain qu'il n'en avait eu jusque-là, en voyant l'étonnement naïf dans lequel il jetait ce simple et doux prêtre. Il avait fini d'essuyer ce blanc visage immobile qui pleurait, comme dans Virgile les marbres pleurent, et il prit son chapeau sur la console. — Tenez! — fit-il, en montrant Calixte du bout de sa cravache en cuir tressé, qu'il avait couchée sur son chapeau, — tenez! Monsieur, cette stupeur, cet engourdissement, cette rigidité, cette mort apparente, vous paraissent, n'est-il pas vrai..., un état terrible et contre nature?

Au Moyen Age, il n'y avait que le Diable avec quoi on pût expliquer cela. C'est assez commode, le Diable, hé! hé! Eh bien! si nous tenions ici le docteur Marmion, il vous expliquerait que sous cette torpeur, effrayante pour nous, simples mortels, mademoiselle Calixte vit d'une vie très particulière et très profonde et même qu'elle n'a jamais mieux vécu! car elle peut être capable de faire, en ce moment, des choses qu'elle ne ferait certes pas si elle était, par exemple, dans le même état de santé que vous et moi, et qu'elle pût manger ce soir une aile de poulet avec nous, et boire un verre de vieux Porto à la santé de monsieur son père, parti, — m'a-t-on conté — pour demander les étrivières à Notre-Seigneur de Coutances qui ne demandera pas mieux que de les lui donner!... Selon Màrmion, monsieur le curé, mademoiselle Calixte, que voilà, pourrait être capable, malgré ses yeux fermés de voir à des distances énormes, de traduire des langues qu'elle n'a jamais apprises, et de lire couramment dans les cœurs!

Et comme à ce dernier mot le Curé avait fait un haut-le-corps, le Docteur se crut obligé à le prendre par le bouton de sa soutane pour le fixer sous ce qu'il avait à lui dire encore :

— Têtebleu! oui! Elle le pourrait, vous dirait Marmion, mais à une condition pourtant, — reprit-il avec un rire clair, — c'est qu'il lui faudrait un peu d'aide! Toutes ces belles choses que je vous apprends, monsieur le curé, la chère enfant ne pourrait pas les exécuter toute seule et par la seule opération de son esprit! Non pas! Il faut que *quelqu'un* s'ajoute à elle! Voilà le joli et le sympathique de la chose!

Faites bien attention à ceci, monsieur. Pour que mademoiselle Sombreval, que vous croyez là évanouie, s'élève, par exemple, jusqu'au degré de clairvoyance de la servante de Puységur, qui ne savait pas lire et qui, les yeux fermés, à Paris, déchiffrait un manuscrit grec placé dans un des rayons de la bibliothèque de Berlin, il faut — de rigueur, — qu'elle soit en *rapport* avec un être doué de ce qu'ils appellent la puissance magnétique, c'est-à-dire, d'une très grande force de vie et d'une très grande force de foi. Or, la vie n'est plus mon fort maintenant et la foi ne l'a jamais été.

Je ne suis plus qu'un vieux bonhomme qui a perdu son fluide, et qui ne s'en refait un peu, — de temps en temps, — qu'avec deux doigts de Malaga, quand il est bon. Je ne tenterai pas l'expérience, laquelle demande aussi pour moi, qui aime à rire, trop de sérieux. Et voilà pourquoi nous laisserons tranquille aujourd'hui, si vous le permettez, cette charmante fille qui pleure peut-être comme on transpire, et que nous ne saurons pas, comme dit la romance, « le secret de ses pleurs ! »

Et il salua encore l'abbé Méautis avec le respect léger qu'il avait pour la soutane, en sa qualité de médecin, et il accomplit sa sortie du salon entre un plongeon et une glissade, ayant recommandé aux deux nègres de donner à Calixte, si elle sortait de sa stupeur, quelques gouttes de l'essence de la fiole rouge, composée par son père. « Diable de bonne chose! — avait-il dit, — meilleure que tous nos médicaments! » Quand il rentra à son logis et qu'il reprit au coin du feu, derrière le paravent, la lecture interrompue de son Montaigne, se douta-t-il, ce soir-là, le docteur d'Ayre, et même se douta-t-il jamais de quelle immense tentation il avait envahi l'âme de ce pauvre prêtre qui l'avait écouté avec une attention si étonnée, — quand il lui avait dit qu'en ce moment peut-être Calixte *pourrait lire dans les cœurs ?...*

XXIV

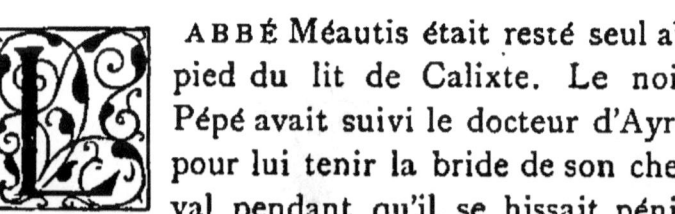ABBÉ Méautis était resté seul au pied du lit de Calixte. Le noir Pépé avait suivi le docteur d'Ayre pour lui tenir la bride de son cheval pendant qu'il se hissait péniblement en selle... Sa femme Ismène, toujours accroupie auprès du lit, avait repris, le docteur parti, son éternelle pose de cariatide d'ébène, et replacé son front écrasé contre ses robustes bras, entrelacés sur ses genoux. C'était bien être seul que d'être avec cette créature, et l'abbé méditait.

Il pensait aux étranges paroles du docteur en regardant la pâle statue de mausolée qu'il avait sous les yeux ; il pensait qu'il pourrait être vrai que cette cloison, cette impénétrable cloison d'un corps qui ressemblait à un cadavre, cachât une vie plus intense et plus lucide que la vie réelle, et le mot *elle pourrait lire dans les cœurs* lui retentissait dans la poitrine comme la voix de la délivrance retentit dans le cachot où le condamné s'agitait en croyant mourir. L'abbé Méautis n'avait pas souri des ironies du docteur. Ces deux hommes étaient trop aux antipodes de l'organisation humaine pour que l'un pût influer sur l'autre.

De toutes les impertinences que le sceptique médecin avait sifflées de cet air incomparablement dégagé qui est l'attribut de tous les sceptiques, quand ils sont spirituels, il n'avait retenu que le fait — le fait inouï, — attesté par d'autres médecins, plus sérieux que ce vieux moqueur qui se vantait d'aimer à rire : qu'il y avait une vie sous la vie, quand la première semblait disparaître.

Rappelez-vous que l'abbé Méautis, de nature et d'habitudes contemplatives, tendait vers la mysticité. Là où la science renferme tout sous l'inflexible réseau des lois naturelles, l'ignorant mais intuitif abbé étendait sur tout la bonté de Dieu, bonté infinie et dont l'homme qui a l'orgueilleuse habitude de faire de chaque borne une loi ne peut pas dire de cette bonté : « C'est là qu'elle s'arrête ! » — Eh ! pourquoi donc, — se disait intérieurement cet être de foi qui, sans effort, croyait au transmondain et à l'invisible comme on croit à l'air ambiant et à la lumière, — pourquoi cela ne serait-il pas vrai, ce qu'il vient de dire, cet homme frivole ?... Ne sommes-nous pas libre d'admettre ce qui n'est pas formellement condamné par l'Église ?... Or, en quoi les faits exceptionnels que je viens d'apprendre contredisent-ils la sainte autorité de nos dogmes et sont-ils un danger pour la foi ?... Le regard du théologien, noyé dans cette lumière de la bonté de Dieu, ne trouvait ni objection, ni nuage. Et la tentation devenait de plus en plus forte dans cette âme pure, pour qui elle n'était pas un péché, la tentation de faire parler Calixte et de savoir par elle la vérité sur le fond du cœur de son père !

Mais comment s'y prendre pour cela ?... Il était ignorant d'esprit, et de complexion, il était faible, et le docteur avait parlé d'un être doué de facultés nerveuses puissantes qui aidât cette âme enveloppée dans des organes épais, mais pour elle diaphanes, en employant des moyens sur la nature desquels il ne s'était pas expliqué. Quels étaient ces moyens ?... Il résolvait d'aller pédestrement à Valognes, le lendemain, consulter le docteur Marmion, qu'il amènerait au Quesnay, et qui apaiserait sa soif de connaître, égale au moins à son anxiété de savoir.

Ce qu'il éprouvait était indiciblement douloureux, mais contre l'agitation à laquelle il était en proie, et ce double tourbillon de la curiosité et de l'inquiétude dans lequel il tournait, il chercha le refuge qu'il trouvait toujours dans la prière. Une heure passa, — et Néel de Néhou le surprit à genoux, près du lit de Calixte, demandant secours à Dieu pour celle qui s'étendait là, roide, exsangue, et contractée dans cette immobilité désespérante, qui ne finissait pas !

L'abbé ne savait pas que la Malgaigne avait dit à Néel les mêmes choses qu'à lui sur Sombreval, et pour cette raison il se tut sur ce qu'il venait d'apprendre du docteur. Pourquoi aurait-il dit de telles incompréhensibilités à un jeune homme qui, sans doute, n'y aurait pas cru, et qui, dans tous les cas, n'aurait pu lui donner les renseignements dont il était avide et qu'il était résolu d'avoir à tout prix ?...

Mais il se trompait sur le compte de Néel, l'abbé Méautis. Néel avait l'expérience des crises de Calixte et s'il avait confié à l'abbé ce qu'il en avait vu et ce qu'il avait entendu dire à Sombreval, il n'aurait qu'avivé davantage les curiosités de ce prêtre dont la tête était conformée pour recevoir toute espèce de merveilleux — comme les yeux longuement fendus des femmes de l'Orient sont faits pour recevoir et retenir plus de lumière que les nôtres...

Les larmes qui venaient de tomber des paupières closes de la malade et qui avaient, par une force secrète, traversé ses cils strictement fermés, ces larmes que Néel connaissait bien et qu'il avait tant de fois désiré boire, marquaient dans la crise de Calixte une transition ou plutôt une transformation dont l'abbé Méautis allait être témoin et qui devait précipiter ses convictions du côté des idées que le docteur avait fait luire aux yeux de cet esprit que la flamme de tout surnaturel attirait.

Semblable à une eau glacée qui reprend sa souplesse coulante, la rigidité de la cataleptique se fondit. Ses nerfs qui menaçaient de se rompre se détendirent comme des cordes d'une harpe transportée dans une atmosphère d'une pénétrante moiteur. Tout à coup elle se souleva sur son séant et se mit droite... L'abbé pressa le bras de Néel, croyant qu'elle rentrait dans la vie !! Mais un signe de Néel l'avertit d'être attentif et silencieux.

Il était environ huit heures du soir. Les deux fenêtres du salon avaient été ouvertes tout le jour, et l'air tiède de cette longue soirée apportait par bouffées l'air des lavandes du jardin aux narines frémissantes de cette tête de marbre blanc qui perdait de son marbre et qui recommençait à redevenir de la chair, à ces souffles ! C'était un de ces soirs comme il en faut aux convalescents pour se réaccoutumer à la vie ! une de ces vesprées d'une beauté si chaudement splendide que l'âme la plus détachée de la terre n'aurait pas voulu cependant, ce soir-là, mourir ! Les oseraies des bords de l'étang, mordoré par le soleil couchant, portaient à l'extrémité de leurs branchages les derniers rayons rouges de ce soleil lassé, coupé à moitié de son orbe par l'horizon de la Lande au Rompu, derrière laquelle il allait tomber.

Les hirondelles, ces bleues hanteuses des toits, avant de se tapir aux rebords de celui du Quesnay et aux angles de ses hautes cheminées, traçaient leurs dernières courbes sur le fil de l'eau frissonnante de l'étang et passaient à tire-d'aile dans le cadre des fenêtres ouvertes, en faisant entendre ce cri guttural et grinçant qui semble scier l'air qu'il traverse. Calixte, assise sur son lit, avec les yeux tournés vers la fenêtre ouverte et ses pupilles démesurément dilatées recevaient en plein ce jour rose du soir, sans en avoir plus la sensation qu'un émail. C'étaient les yeux ouverts et dormants des somnambules, — des yeux sans rayon visuel et vides de pensée, comme les yeux blancs d'un buste.

— Ce n'est pas la vie encore, mais une de ses formes ; c'est le sommeil, dit Néel.

Et comme il vit passer un vague sourire sur la bouche aimée entr'ouverte, à laquelle le sentiment revenait avant la couleur :

— Et voici le rêve ! — ajouta-t-il.

En effet, Calixte, que la superstitieuse négresse n'avait pas osé toucher et qu'elle n'avait pas déshabillée depuis que son mal l'avait saisie, fit tomber ses pieds nus du lit avec la la grâce d'une chasteté inquiète. Puis, quand ils furent appuyés sur le sol, elle les regarda de ces yeux sans regard qui ne voyaient que les choses de son rêve.

— Les voilà comme je les aime ! — dit-elle. Ce sont mes vrais pieds, mes pieds de Carmélite. Je n'aurai plus à les cacher sous ma robe maintenant, puisqu'il ne les voit pas... puisqu'il est revenu à Dieu.

Elle s'arrêta. Son sommeil disait un secret qu'ils savaient tous deux, ce confesseur et cet autre qu'elle appelait son frère et qu'elle faisait mourir tous les jours de ne pas lui donner un autre nom ! Néel se doutait bien que l'Abbé n'ignorait pas qu'elle fût Carmélite, et l'abbé Méautis, dans les mains de qui elle avait mis son âme, savait bien qu'elle l'avait dit à Néel. Seulement tous les deux ignoraient ce que leur révélait ce rêve, c'est qu'elle eût marché, qui sait ?... peut-être bien des fois dans la maison ou au dehors, pieds nus, selon la règle de son Ordre, cette Carmélite cachée, appuyant sans doute sur le talon de ses pauvres pieds nus pour que son père la crût chaussée.

L'abbé fut touché autant que Néel. — Ah ! dit-il, Dieu un jour y mettra ses stigmates !

— Pauvre père ! pauvre père ! — reprit-elle, en se levant *debout*. — Et elle s'avança dans l'appartement, la tête basse. — Oh ! comme son cœur souffrait quand il m'a quittée ! Et moi donc !... Ah ! moi, si je lui avais montré le mien, il ne serait pas parti. Il a fallu le cacher comme mes pieds... Il faut tout cacher dans la vie, ajouta-t-elle avec une profondeur exaltée, qui envoya une folie d'espérance au cœur de Néel.

— Mais celui qui voit tout l'a vu, lui, et il a soufflé sur mes larmes !

— ... Voilà qu'il est huit heures ? fit-elle, comme si le timbre vibrant de la pendule, qui sonna, eût passé à travers sa stupeur et eût été perçu par elle. Pauvre père ! que fait-il maintenant ? Nul ange du ciel ne viendra me le dire ce soir. Il faut être si sainte pour que les Anges viennent à vous ! Prie-t-il pour moi ? C'est l'heure où l'on prie. Voilà l'*Angelus* qui sonne à Monroc. Quand on n'est plus ensemble, on se rejoint dans la prière. J'irai vers vous par là, mon père. Ne souffrez plus, ne souffre plus ! ajouta-t-elle avec une inexprimable tendresse : je viens à toi ! je viens ! je viens !

Et d'un mouvement, rapide comme l'idée, elle traversa le salon et mit violemment la main sur la clef de son appartement :

— Elle va à son crucifix, — dit Néel qui avait prié au pied de ce crucifix avec elle ; et par la porte restée ouverte ils la virent s'agenouiller devant la sainte Image. Ils ne la voyaient que de dos, il est vrai, car le grand Christ blanc était en face d'eux dans son panneau sombre. Elle courba devant lui sa tête blonde cerclée du rouge bandeau que l'amour filial y avait mis et que l'Humilité y gardait, puis la rejetant en arrière pour voir Celui qu'elle allait prier pour son père :

— Oh ! — dit-elle avec une horreur qui rendit sa douce voix presque rauque — il y a du sang sur le crucifix !...

Et d'une main nerveuse et saccadée, elle tira sur la tringle le rideau d'à côté, pour faire tomber plus de jour sur la placide image, qui étincela, dans sa pureté lisse, à cette lumière pleuvant sur elle :

— Seigneur Dieu ! — fit-elle, — c'est bien du sang ! — du sang liquide, du vrai sang qui sort de vos plaies, ô mon Sauveur ! Oh ! la chose terrible ! Cela ne s'était pas vu depuis bien longtemps ; cela va donc se revoir, des crucifix qui saignent ! Autrefois... dans les temps anciens... quand ils saignaient, on disait toujours que c'était contre quelque grand coupable qui se cachait... et que le sang irrité du Seigneur jaillissait contre lui pour dénoncer aux hommes sa présence... Mais qui est le coupable ici, ô Dieu que j'aime ! pour que votre sang jaillisse avec cette force contre moi ?...

Et elle reculait... Elle reculait devant ce sang qu'elle croyait voir, la tête toujours rejetée en arrière davantage, la bouche entr'ouverte dans la dure tension de l'extase, les pouces retournés, presque épileptique de terreur ! Néel, déchiré par cette voix qui n'était plus celle de Calixte, et qui pourtant sortait de Calixte, fit un mouvement pour l'éveiller de ce sommeil plein d'épouvante pour elle et d'épouvantement pour lui... Il avait peur que devant cette formidable vision dont elle était la victime elle ne tombât à la renverse et ne brisât sa tête aimée !

Mais l'abbé Méautis, monté à un diapason de force surhumaine par l'émotion et par ce qu'il entrevoyait au fond de ce poignant spectacle, prit le bras de Néel et lui dit avec une autorité irrésistible : « Arrêtez, monsieur ! Une seconde encore ! »

Elle venait lentement à eux, sans se retourner, toujours reculant, mais fascinée par la vision terrible. — Oh ! il va m'atteindre, tout ce sang ! — disait-elle, convulsée. — Et elle relevait avec l'égarement de l'effroi sa longue robe traînante, comme si ce sang persécuteur, filtrant à travers la rainure des parquets, faisait déjà mare autour d'elle. O mon Dieu, mon Dieu, reprenait-elle, palpitante d'angoisse, de quoi donc suis-je coupable pour que votre sang furieux me repousse de votre croix, comme si chaque goutte était une main ?...

Néel haletait dans les bras de l'abbé, sous les morsures de cette voix faussée... contrefaite...

— Ah ! le coupable ! ce n'est pas elle ! murmurait sourdement le prêtre.

Et sans doute pour ne pas voir plus longtemps ce sang acharné qui grossissait à ses yeux pâmés, comme une trombe, elle plongea sa tête dans ses deux mains, mais elle l'en retira, avec un cri, bien plus aigu que le premier, — un de ces cris, comme elle en poussait quelquefois, qui traversaient l'épaisseur des murs et allaient glacer la moelle de ceux qui passaient sur la route, dans le voisinage du Quesnay !

— Oh ! tu saignes donc aussi, toi ! Ils saignent donc tous ! — fit-elle, comme si elle eût senti ruisseler dans ses mains la croix de son front, à travers son bandeau. Et elle les regardait, hagarde, ses deux mains dont elle écartait les doigts avec un geste sinistre... Et son impression devint si forte qu'elle tomba enfin de sa hauteur.

Mais Néel, en la recevant dans ses bras, l'éveilla. Ses yeux perdirent leur grandeur vide et leur fixité éblouissante... Ils ne s'ouvrirent pas, puisqu'ils étaient ouverts, mais ils s'emplirent de tous les afflux de la vie. Sa joue glacée tiédit... La pudeur y alluma sa rose, quand elle s'aperçut ainsi, dans les bras de Néel, qui, lui ! eut l'amour de les détacher d'autour d'elle lorsqu'elle fut un peu raffermie... Ah ! c'est vraiment aimer que de ne pas serrer dans ses bras la femme qu'on adore quand elle y tombe, et qu'on peut l'y étreindre ! et que le cœur s'en meurt de désir ! !

Elle le regarda, — reprit la vie où elle l'avait laissée. — Les lèvres du coupable portaient encore les signes de sa violence... Il comprit le céleste regard qu'elle eut pour ses lèvres à peine cicatrisées...

— Oui, pardonnez-moi, — lui dit-il, — j'ai assez souffert depuis cinq jours que je tremble de vous avoir tuée...

— On ne peut plus me tuer, — dit-elle en souriant et regardant l'abbé Méautis, auquel elle envoya des yeux la salutation des âmes qui se comprennent. N'est-ce pas, monsieur le curé, — lui dit-elle de sa voix d'argent, de cette voix qui lui était revenue avec la perception, avec le regard, avec tout son être, — que jusqu'au jour où je dois voir mon père avec vous à l'autel, chantant sa première messe dans l'église de Néhou, il m'est impossible de mourir ?...

L'abbé, absorbé dans le souvenir de la scène dont il venait d'être témoin, ne lui répondit qu'en inclinant la tête. Lui ne souriait pas. Il était debout, les bras croisés. Il la regardait. Il concentrait toute une masse d'attention sur elle. Elle s'était assise sur le même canapé où elle avait fait asseoir Néel le soir qu'il avait mordu, de fureur, dans son verre et causé la crise d'où elle sortait.

— Vous ne vous rappelez donc pas, mademoiselle, — dit l'abbé gravement, — ce que vous avec enduré dans cette crise, pendant laquelle nous avons cru, nous, que vous aviez tant souffert ?...

Elle ne se rappelait absolument rien. Seulement elle était horriblement fatiguée, brisée aux jointures, comme toujours lorsqu'elle avait subi l'action de ce mal qui n'était pas un mal pour elle, mais pour les autres qu'il inquiétait et qu'il effrayait, — et avant tous, pour son père ! L'abbé Méautis remerciait intérieurement Dieu d'avoir permis que ce mal, qui était pour lui un avertissement et une lueur, ne fût pas pour elle un supplice.

Il songea aux profondes tortures de cette âme, s'il était resté en elle le moindre souvenir de la vision qu'elle venait d'avoir... Accoutumé à trouver la main de Dieu partout, il était épouvanté de l'avoir trouvée si terrible...

— J'ai donc été bien effrayante, Néel, — fit Calixte avec la gaieté d'une âme investie d'un calme divin, — puisque monsieur le curé et vous n'osez me dire ce que j'ai été durant cette crise ?...

Néel se taisait. Il était aussi accablé de ce qu'il avait vu. Il ne doutait pas, lui ! Il avait reçu le foudroyant aveu de Sombreval sur le chemin de la Sangsurière, — ce secret du père qu'il était obligé de garder... comme il avait gardé le secret de la fille. Il savait, lui, *contre qui* les croix avaient saigné !... Agité, malheureux, terrifié, il ne regardait plus Calixte ! Il regardait en lui, mais c'est elle qu'il voyait encore ! Heureusement la nuit venait et allait cacher à la pénétrante jeune fille l'angoisse de sa physionomie. Les ombres commençaient d'entrer par les fenêtres restées ouvertes. Les tentures du salon, orangées un instant par le crépuscule, brunissaient... et bientôt elles disparurent, comme les lignes d'un dessin, sous le noir étendu de l'estompe. Ce soir-là, il n'y avait ni lune ni étoiles... Les visages seuls marquaient, de points blancs et vagues, les places du salon où ils se tenaient, mais où ils ne se voyaient plus...

Calixte en interrogeant Néel n'eût pas plus discerné sa physionomie que celle du prêtre, toujours immobile et debout contre le buffet d'ébène. Maladroits et vrais, ces deux hommes n'avaient pas la force de s'arracher à ce silence imprudent qui pesait sur leurs bouches et sur leurs cœurs et que Calixte aurait pu interpréter d'une manière blessante pour elle, si elle avait insisté...

Mais elle n'insista pas. Elle ne revint point à la question laissée par Néel sans réponse L'adorable Sacrifiée, qu'elle était toujours, respecta ce silence qu'une autre femme aurait rompu. Elle ne pensa pas que sa maladie avait donc quelque chose de bien horrible ou de bien honteux, pour que Néel et l'abbé, — Néel surtout ! — les seuls amis qu'elle et son père eussent sur la terre — n'osassent pas lui parler de son mal et eussent l'air si accablé, quand elle revenait à la vie. Elle ne le pensa pas... ou si elle le pensa, elle accepta cette pensée comme elle acceptait tout, cet Ange de l'Acceptation volontaire ! Mais la soirée qui aurait dû, pour tous les trois, être si douce après les cinq jours affreux qu'ils venaient de passer, fut, au contraire, pour elle comme pour eux, de la plus morne mélancolie.

XXV

T l'impression de cette soirée, Néel et le curé ne la laissèrent pas avec Calixte dans le château solitaire. Ils l'emportèrent l'un à son presbytère, l'autre à la tourelle de Néhou ; mais celui des deux qui devait la garder le plus longtemps, celui pour lequel elle allait devenir féconde, ce n'était pas Néel, ce fut le curé. Néel était si jeune et il aimait tant !

Le lendemain, quand il vit Calixte plus belle que jamais et plus touchante, avec ses yeux meurtris de la crise de la veille, mais rayonnants de joie à la lumière chaude du matin, parce qu'elle avait reçu une lettre de son père, il oublia tout. Il ne vit plus qu'elle et son bonheur, quand elle vint à lui, presque resplendissante dans la grande allée du jardin où elle lisait cette lettre, et qu'elle la lui tendit toute grande ouverte, comme si elle avait voulu partager avec lui le meilleur de sa vie ! Il s'abîma, avec le souvenir de la veille et ses effrois de l'avenir, dans la sensation de Calixte heureuse, — comme on perd et comme on oublie les affres d'un cauchemar horrible dans la sensation d'un jour plein de soleil et les perceptions rassurantes de la réalité !

La lettre de Sombreval, datée du séminaire de Coutances, avait un accent d'ardeur religieuse qui fit passer comme un frisson à la racine des cheveux de Néel, car il savait que cette ardeur et cette profondeur d'accent n'étaient qu'un mensonge. Le converti semblait dominer le prêtre dans la lettre de Sombreval. Ah ! que cet homme avait dû étreindre furieusement son cœur pour l'écrire, — pour s'y montrer, héroïque menteur, plus préoccupé du Dieu auquel il ne croyait pas, que de sa fille, — de sa fille qu'il adorait !

Mais ce mensonge était si grand aux yeux de Néel, mais Calixte, sa bien-aimée Calixte, en était si heureuse, que Néel dit enfin le mot brutal par lequel tous ceux qui se risquent finissent leurs luttes avec eux-mêmes : « Ma foi, tant pis ! » et qu'il accepta, dans l'égoïsme de la voir heureuse (même à ce prix !) l'imposture de Sombreval et tous les sacrilèges qui allaient s'ensuivre. Sombreval mandait dans sa lettre que l'autorité religieuse s'était montrée pour lui pleine de généreuse miséricorde et qu'il avait l'espoir de rentrer bientôt dans le saint Ministère. Cette espérance ravissait Calixte et donnait à sa beauté d'élue comme une réverbération des portes du Ciel.

Mais l'abbé Méautis, qui aimait, non pas, lui, une créature humaine, comme Néel, mais qui aimait Dieu, le Dieu que Sombreval allait outrager plus cruellement que jamais, ne perdit point, comme Néel, dans la contemplation du bonheur de Calixte, le souvenir des choses de la veille. Au contraire : ce souvenir s'enfonça un peu plus dans son âme, comme une brûlure s'enfonce dans les chairs... Peu d'esprits, si ce n'est ceux-là qui comprennent tout, comprendront bien ce caractère de l'abbé Méautis.

On ne comprend guère que les sentiments dont on est capable, et l'amour de Dieu est certainement le plus rare, parce qu'il est le plus élevé de tous les amours. Or, pour ce prêtre, ce prêtre toujours poète, quoiqu'il eût renoncé à ce que le monde appelle la poésie, comme si la poésie ne chantait pas en nous et dans nos silences les mieux gardés, jusqu'à la dernière palpitation de nos cœurs ! pour ce prêtre et pour ce mystique, il n'y avait en cause que Dieu dans le drame dont Calixte, Sombreval et Néel étaient les personnages.

Assurément il aimait d'une ferveur de charité divine sa fille spirituelle, cette martyre virginale pour laquelle il voyait dans le bleu du Paradis les Anges occupés à tresser des couronnes, immortellement vertes. Assurément il avait aussi pour Sombreval la pitié ardente, et qui voudrait tant être efficace, du prêtre de Celui qui a dit qu'il y aura plus de joie dans le ciel pour un pécheur repentant que pour quatre-vingt-dix-neuf justes, mais ce n'étaient ni Calixte ni Sombreval qui étaient en premier dans son âme !

La Malgaigne, l'étrange Inspirée, avait mis le bout de son doigt sur la fibre sensible, sur cette note fondamentale de la conscience du prêtre, quand elle avait parlé de l'*honneur de Dieu !* Néel, pour voir le bonheur de Calixte, pour en suivre seulement le reflet sur le front de la pauvre crucifiée de naissance et dont la vie avait été une autre croix, Néel sacrifiait Sombreval. Il l'eût laissé accomplir tous les crimes. Il le laissait se damner, à cœur joie, et qui sait ?... peut-être se fût-il damné lui-même pour la faire heureuse ; mais l'abbé Méautis voyait la gloire de Dieu, comme Néel le bonheur de Calixte.

Sans cette idée de la gloire de Dieu, le rôle cruel que l'abbé Méautis, cette âme de jeune fille pour la pitié et cet âme de Saint pour l'amour, finit par jouer dans cette histoire, serait vraiment inexplicable. Mais aux yeux d'une âme qui avait une telle puissance d'adoration et de foi, demandez-vous ce que devait être la profanation du corps et du sang de Jésus-Christ par un hypocrite, qui mépriserait intérieurement la singerie de ses mains et de ses paroles et n'en viendrait pas moins tous les matins jouer son infâme comédie sur l'autel ?...

Certes, quand l'abbé Méautis avait lu dans l'histoire les plus célèbres et les plus abominables profanations, il avait été pénétré d'horreur vraie : mais qu'était-ce que le cheval du Barbare, mangeant son avoine sur l'autel de saint Pierre ? qu'étaient les calices servant de verre aux soldats dans d'épouvantables orgies, et même les pains eucharistiques traînés dans la fange, en comparaison de cette hostie descendant, tous les jours, à point nommé, dans la poitrine d'un athée, devenu d'apostat un Tartuffe tranquille et monstrueux ?

L'outrage le plus sanglant fait à un père et qui recommencerait chaque jour ne donnerait pas une idée suffisante de cette volontaire et permanente injure faite à Dieu, le Père des pères. Eh bien ! cet inexprimable outrage, dont l'abbé Méautis avait repoussé la pensée quand la Malgaigne, cette créature aux avertissements mystérieux, la lui avait suggérée, il y croyait maintenant. Il y croyait ! Il n'avait plus besoin du docteur Marmion ni de personne pour faire lire Calixte dans l'âme de son père. Il y avait lu à la clarté de la formidable vision qu'elle lui avait pour ainsi dire répercutée. Imagination qui corporisait tout parce qu'il était poète et mystique, il n'aurait pas cru davantage à la croix saignante, quand il l'aurait vue, de ses yeux, saigner !

Il ne pouvait donc pas oublier, comme Néel, le rêve de Calixte en la voyant rentrer dans la vie, le bonheur, l'illusion sur son père. En la regardant, il ne pouvait pas s'enivrer. Seulement, tendre comme il était et s'expliquant tout par la bonté de Dieu, il disait que, si Calixte n'avait pas gardé la mémoire de la vision dont elle avait eu la conscience et le cabrement, sous ses yeux, c'est que Dieu voulait épargner la sainte enfant et lui donner à lui, son prêtre, l'occasion d'accomplir le devoir de la charité envers elle. « C'est à moi, se disait-il, d'empêcher le crime, à force de paternité, de ce père ; et pour cela, il n'est qu'un moyen, c'est de faire pénétrer tout doucement la fatale lumière dans les yeux de la fille aveugle, — puis, ses yeux dessillés, de la jeter entre son père et Dieu ! »

Seulement, comme elle pouvait mourir d'un coup à la première goutte de lumière, si prudemment qu'elle lui fût versée, il se mit à prier le divin Oculiste, qui opérait les aveugles pendant son passage sur la terre, de l'assister en ce besoin terrible, et il le pria comme il savait prier. Croyant à la force absolue de la prière qui peut violer la toute-puissance divine, il se dévoua mentalement à cette œuvre d'avertissement et de salut...

Œuvre inouïe de difficulté, de précaution, de lenteur, de tendresse toujours alarmée, de tact à chaque instant épouvanté ! Pauvre grand cœur, pris entre ces deux pierres coupantes, — la collision de deux devoirs, — il crut pouvoir préserver la créature et empêcher l'outrage au Créateur ; concilier la charité qui épargne la souffrance et sauve la vie et le respect adorateur, qui ne saurait souffrir que Dieu soit si horriblement offensé ! C'était entreprendre là, — et il fallait l'entreprendre ! — une tâche ingrate, douloureuse, impossible, dans laquelle il serait obligé de s'interrompre et de se reprendre bien des fois, comme le chirurgien qui verrait le péril et qui resterait, son scalpel en l'air, n'osant l'abattre où il faut qu'il coupe sans pitié !...

Hélas ! en lisant les lettres de Sombreval qui venaient chaque jour donner à Calixte des joies nouvelles et à son sentiment pour son père des exaltations inconnues, l'abbé Méautis put mesurer de quelle hauteur il allait précipiter la jeune fille au premier mot qu'elle comprendrait, et il fallait que ce mot fût cruellement clair pour qu'elle pût le comprendre, dans l'immense illusion que son père, à chaque instant, grandissait en elle. Pour cette fille d'affliction, c'était le premier bonheur qui tombait sur son cœur consolé, la première respiration du soulagement, sous l'oppression de toute sa vie !

Ce bonheur tardif, créé par Sombreval, au prix de son âme, bonheur élevé par lui dans l'âme de son enfant comme un palais enchanté, comme un château de cartes magiques dont chacune était un mensonge et qu'il fallait, d'un seul mot, renverser, effrayait le prêtre compatissant, qui trouvait peut-être que Dieu devait bien ici-bas un peu de bonheur à Calixte pour tout ce qu'elle avait souffert.

Quand elle le lui révélait et le lui livrait, ce bonheur, avec cette confiance qui désarme parfois l'assassin, il ne se sentait pas le courage d'être la faux qui couperait, dans le cœur de cette habituée de l'infortune, la pauvre fleur poussée d'hier ! il connut alors, l'abbé Méautis, les difficultés de son entreprise. Elles se traduisirent pour lui en transes et en angoisses. Ses hésitations, qui d'abord avaient été des douleurs, devinrent des remords. Le temps passa. Les jours s'accumulèrent, et Dieu cependant n'exauçait pas son prêtre. Il ne lui accordait pas le don du miracle qui ouvre les yeux à l'aveugle, sans qu'il meure de ce foudroyant Éphéta, et ce fut pour cet homme, qui comptait presque sur Dieu, un malheur affreux qu'il souffrit du reste, comme il souffrait tout, sans se révolter. Le prit-il pour un abandon ?... Ce fils désolé d'une mère folle, si malheureux déjà comme fils, devait souffrir aussi comme père, car, il l'avait dit à Sombreval : il était le père de Calixte par la grâce et par la vertu d'un sacrement, plus fort dans une âme comme la sienne que quelque sentiment humain que ce fût ! Le Dieu qui (dit-on) mesure le vent aux agneaux tondus envoie parfois aux écorchés la bise cruelle. Selon la mélancolique expression populaire, l'abbé Méautis en *eut* bientôt *plus qu'il n'en pouvait porter*. Sa santé s'altéra en ses luttes entre sa conscience et son cœur. Il maigrit, et changea comme s'il eût porté en lui le principe d'une maladie. L'ivoire de son teint, doucement ambré, passa au ton mat de la cire du cierge des morts. Ses yeux d'un bleu si pur se fanèrent. Ses cheveux d'Eliacin blanchirent sur les tempes, ces cheveux blonds qui, d'ordinaire, blanchissent si tard, et que l'âge ne ternit qu'en les brunissant! Cet homme d'osier, pour la souplesse et la gracilité, allait-il se casser, séché par une flamme intérieure? Quand il s'agissait de ses devoirs de prêtre, il était, malgré ce marasme dont ses traits fatigués portaient l'empreinte et qui affligeait des yeux amis, aussi dispos, aussi allègre, aussi prompt et prêt à bien faire... Mais il n'avait plus cette sérénité qui touchait tant, quand on le voyait et qu'on pensait à ce qu'en rentrant chez lui le malheureux allait retrouver! Le dimanche, la grand'-messe lui donnait des forces. Le sentiment de l'auguste et immense fonction qu'il remplissait à l'autel lui redressait le front et illuminait son visage, mais les bonnes femmes qui venaient à l'église de Néhou, *sur semaine*, dans la longueur des après-midi, faire leur visite au Saint-Sacrement solitaire, l'y trouvaient, non plus comme autrefois, allant et venant, en surplis, d'un pied leste, dans cette fraîche et sonore maison du bon Dieu, aux portes éternellement ouvertes, et où les bruits vulgaires du dehors semblent se sanctifier par la manière dont ils y expirent. Elles l'y voyaient morne, abattu, ne s'occupant plus des vases de fleurs de ses chapelles ; — et quand il méditait dans la stalle, derrière son pupitre à l'entrée du chœur, sa méditation semblait plus noire qu'aucune qu'il eût jamais faite à cette place...

C'est qu'en effet, depuis qu'il était curé, jamais, non plus, charge d'âme ne lui avait paru si lourde à porter que celle qu'il se sentait sur la conscience, — cette charge de l'âme d'un aussi grand pécheur que Sombreval pardessus laquelle Dieu avait encore mis, pour qu'elle pesât davantage, le poids de la vie d'une fille innocente! Perdu dans des projets auxquels il renonçait au moment de les effectuer, et qui le laissaient impuissant devant ce bonheur fondé sur le mensonge et le sacrilège, et dont il n'avait pourtant pas le courage d'être le bourreau, il finit par avoir la pensée d'aller à Coutances se jeter aux pieds de Sombreval pour le détourner du dessein sataniquement magnanime que cet homme profond avait osé concevoir par amour pur de son enfant et qu'il était en train d'exécuter avec l'obstination d'un Lucifer! Projet tout aussi vain que tous les autres!

Dans ce temps-là, les communications étaient difficiles. Coutances était trop loin par les grandes routes qui tournent comme de vastes spirales avant d'atteindre le point de leur destination, et la *traverse*, en ligne droite, était défoncée, fangeuse, et, pour les pieds d'un homme et d'un cheval, pleine de trahisons. On y coulait, et, si on n'y périssait pas, on s'y attardait. Pour aller de Néhou à Coutances et pour en revenir, il fallait plusieurs jours. Or, pendant ces jours-là, qui remplacerait l'abbé Méautis à Néhou? Les prêtres n'étaient pas nombreux à cette époque. Il n'avait pas de vicaire. Qui pendant son absence veillerait sur la paroisse, ferait le catéchisme aux enfants des écoles, assisterait les malades, donnerait le viatique aux mourants? Prêtre enchaîné à son autel, c'était la première fois qu'il avait à se plaindre du peu de longueur de sa chaîne! Aussi, dans l'impossibilité d'aller vers Sombreval, il lui écrivit.

Il lui écrivit des lettres d'autant plus éloquentes qu'il savait amèrement qu'elles n'avaient rien de ce qui fait la vraie éloquence, la voix, le geste, l'émotion, les larmes, l'âme, enfin, passant, de furie, à travers cet obstacle qu'on appelle le corps, comme le feu à travers un mur. Sombreval répondit très exactement à ces lettres, et l'abbé Méautis vit tourner la terre autour de lui en pensant que ces réponses de Sombreval, dans lesquelles il attestait Dieu de la sincérité de sa foi, n'étaient que des impostures de plus, ajoutées à cette pyramide d'impostures sous laquelle il s'engloutissait...

Alors, l'abbé Méautis ne supplia plus. Il accusa. Il s'était traîné aux genoux de Sombreval autant qu'on pouvait s'y traîner dans des lettres. Il se releva. Il devint terrible à la manière de Joad, lui, le doux prêtre. Il se mit à raconter à Sombreval toute la vision de Calixte, qui pour lui faisait certitude ; et il crut l'avoir terrassé ! Mais Sombreval ne se démentit pas. Il répondit avec l'humilité d'un pénitent qu'il avait bien mérité qu'on le crût un hypocrite et qu'on pensât de lui tout ce qu'il y aurait de plus horrible et de plus honteux. Il dit enfin qu'on avait le droit d'expliquer contre lui-même l'inexplicable...

Ah ! l'abbé Méautis crut alors à la Malgaigne et à ses prophéties ! C'était bien là l'impénitence finale, l'obduration d'un front damné. Contre cet endurcissement tout devait se briser. Il n'y avait pas de ressource. Nul moyen d'empêcher la consommation du crime tramé contre Dieu, si ce n'est de dire à Calixte la vérité qui devait la tuer après l'horrible torture d'un moment, ou la faire vivre quelque temps dans d'insupportables tortures pour l'achever, immanquablement, plus tard...

Or, devant cette nécessité, l'abbé Méautis recommença d'hésiter et d'attendre. Ce fut long, haletant, caché, ce combat pour se tuer le cœur ! On se l'arrache, mais il est des poitrines où je crois qu'il repousse ! Ce fut long comme la lutte de l'Ange et de Jacob. L'Ange devait vaincre, mais l'Homme était presque égal en force avec l'Ange, dans cette âme de prêtre, où l'humanité débordait !

Dieu, du reste, sous les yeux de qui eut lieu ce combat acharné et mystérieux, Dieu seul le vit distinctement ; mais Néel et Calixte le soupçonnèrent... Néel, qui avait assisté à la vision de Calixte, laquelle pour l'abbé avait été une révélation, et qui savait, — à n'en pouvoir douter, — combien cette révélation était vraie, entrevoyait l'état de l'âme du malheureux prêtre, et il s'en inquiétait d'autant plus que Calixte, tout exaltée qu'elle fût dans la joie que lui donnait son père, avait cependant remarqué le changement de l'abbé Méautis dans ses relations avec elle.

L'abbé, comme on le comprend bien, ne parlait jamais à Calixte de ce qui causait sa joie présente, à elle, et inondait sa vie et ses joues de pleurs aussi suaves que ceux qu'elle avait jusque-là versés étaient amers. Il ne lui tintait jamais un mot de son père ; et quand elle, sous l'impression des lettres qu'elle en recevait si souvent, lui parlait de cette grande foi revenue, de ce magnifique repentir, qui fait plus que de laver l'âme qui a péché, mais qui la glorifie, l'abbé restait dans un silence qu'elle ne pouvait croire incrédule, et qui était encore plus embarrassé que sévère.

Ailleurs qu'au Quesnay, l'abbé Méautis ne parlait jamais non plus de Sombreval, dont le nom était dans toutes les bouches, de ce Sombreval qui allait redevenir *l'abbé Sombreval!* et que les prêtres des autres paroisses citaient dans leurs chaires comme un exemple de conversion inespérée et de repentance.

Depuis qu'il avait annoncé du haut de la sienne la grande nouvelle du départ pour Coutances du prêtre marié, devenu le maître au Quesnay, il n'avait plus dit une parole d'un événement sur lequel ses confrères ne tarissaient pas ; et Calixte, affligée de cette circonstance, mais humble pour elle et pour son père, ne lui demandait pas pourquoi... « N'avons-nous pas tout mérité ?... » disait-elle, s'associant, cette fille de lumière, au crime de son père, sentant bien qu'au fond du sang, que Dieu seul purifie, le crime du père passe toujours !

Ce silence incompréhensible de l'abbé Méautis était la feuille de houx dans les roses du bonheur de Calixte. Elle en sentait les pointes acérées, mais Néel, lui ! en tremblait. Il savait trop quelle vérité pouvait sortir de ce silence. Bourrée de ce secret terrible, comme une arme chargée jusqu'à la gueule, l'âme de ce prêtre un jour peut-être éclaterait !...

Néel tremblait quand l'abbé était au Quesnay, mais il tremblait bien davantage quand il voyait Calixte entrer dans le confessionnal, cette noire et terrifiante encoignure où le prêtre peut dire tout, à son tour, à qui lui a tout dit, et qu'il pensait (l'amoureux) que, caché sous son voile baissé, ce visage divin capable d'arrêter et d'attendrir la foudre, qu'il aurait charmée, n'arrêterait plus l'homme dans le prêtre, et qu'il frapperait dans les ténèbres, parce qu'il ne verrait pas le chef-d'œuvre qu'au grand jour il aurait respecté ! Il venait souvent conduire Calixte à l'église de Néhou et il la reconduisait au Quesnay.

On les rencontrait par les chemins, se donnant le bras, comme un frère et une sœur. Et comme ils ne l'étaient pas, si de les voir tous les deux si jeunes et si beaux dans cette liberté et dans cette solitude faisait venir sur les lèvres du passant, qui se détournait, un mauvais rire, Calixte, à qui rien ne manquait en mérite, devant Dieu, était tellement déshonorée, que le mauvais rire n'était pas pour lui, mais pour elle.

Et il ne craignait pas seulement que l'abbé Méautis, ce Néel si peu fait pour la crainte ! Il craignait aussi la Malgaigne, cette vieille femme qu'il avait aimée, pour lui avoir annoncé qu'il mourrait comme Calixte et à cause de Calixte, et à qui, depuis cette prédiction, il parlait toujours quand il la rencontrait. Maintenant, il ne lui parlait plus. Il l'évitait quand il l'apercevait de loin sur les routes. Il se souvenait du soir où il l'avait trouvée, assise au perron du Quesnay, et où elle lui avait dit.... ce qu'elle voulait qu'il dît à Calixte.

L'exaltation de la vieille sibylle, qui chaque jour s'exaltait davantage, portait sur les nerfs de Néel d'autant plus qu'il sentait qu'elle avait raison... Ce qu'il n'avait pas voulu dire à Calixte, elle pouvait le dire, elle ! si elle la rencontrait avec lui dans ces campagnes. C'était là un autre et incessant sujet d'inquiétude. Lorsqu'il passait avec Calixte le long des haies dépouillées par l'automne, — car l'automne était venu depuis le départ de Sombreval, — il regardait toujours par-dessus avec anxiété... et il n'arrivait jamais, au tournant d'un sentier, à une brèche, sans avoir peur de voir, tout à coup, se dresser devant lui, comme un fantôme de jour — la taille droite de la grande fileuse !

En somme, il n'avait jamais été plus malheureux, le pauvre Néel ! L'espérance, conçue un moment, de voir Calixte renoncer à son vœu, était évanouie. Elle ne l'aimait pas plus qu'elle ne l'avait jamais aimé, quoiqu'elle n'eût plus au cœur le chagrin qu'y mettait son père ; et lui l'aimait toujours davantage et d'un amour qui semblait un contre-sens de sa nature ardente et emportée ! Hélas ! tous nos amours sont des contre-sens ! S'il entre, — a t-on dit, — de l'absurdité dans le génie, il en entre encore bien plus dans l'amour. A juger Néel d'après ce qu'il était, il semblait, en effet, incroyable qu'il aimât une fille comme Calixte, mais c'est peut-être justement pour cela qu'il l'aimait.

Or, de ce qu'il aimait, sa nature n'était pas pour cela abolie, mais elle était domptée. Elle était domptée par cette fille de triomphante douceur, qui aurait fait accepter le désespoir à la colère... Elle l'avait lui-même rendu doux. Elle pouvait vivre, sans danger, de longues journées, à côté de cet homme, qui mangeait de fureur le cristal d'un verre, quand on lui résistait, et dont le sang de lave, vierge de passion, jusqu'à elle, flambait sous l'haleine de flamme de ses dix-huit ans !

Quand ce jeune sang, soulevé dans ces veines, qu'elle aurait pu faire ouvrir, si ç'avait été son caprice, commençait de gronder en Néel de Néhou, elle n'avait qu'à le regarder de ses puissants yeux purs irrésistibles, pour qu'aussitôt il résorbât la furie de sa colère ou de son désir. C'était là encore une manière de lui donner sa vie, non plus une fois et comme le jour où il s'était brisé dans son chariot à ses pieds, mais sans cesse, à chaque minute, et cela lui semblait bien plus douloureux !

Pour subir un pareil empire, il faut le dévouement d'un premier amour, et pour n'en pas périr, les ressources qu'à dix-huit ans on porte en soi. Plus tard, ce serait impossible. Quand la passion a goûté une fois à ce qu'elle désire, c'est comme le tigre qui a mis sa langue au sang : il faut qu'il en boive ! Il faut qu'il en fasse couler des torrents, à travers son vaste gosier, allumé comme un four.

Heureusement pour Calixte, Néel était à ce moment unique de la jeunesse où l'amour, que la sensation n'a pas encore dégradé, a la grandeur des sentiments absolus et des héroïques obéissances. Il ne se plaignait même plus. Il se rappelait que par une de ces violences il avait cru tuer Calixte, et qu'il l'avait précipitée dans sa dernière crise. Pour cette raison il étouffait son cœur. Il étouffait ses sens dans des silences qui le dévoraient.

On voyait bien qu'il était dévoré... La passion inassouvie qui creuse l'œil comme la faim et y allume sa flamme avide commençait de dessécher son beau visage. Le feu couvait sous la peau amincie des pommettes. La douleur de n'être pas aimé qui nous fait nous haïr nous-même, cette douleur dont la honte est le fond, attachait à ce front impérieux, taillé pour dominer la vie, le masque sombre qu'on n'arrache pas, quand on le veut, et dans lequel elle cadenasse les têtes les plus fières. Néel perdait sa beauté.

Calixte, au contraire, Calixte, heureuse, devenait plus belle ! Sa pâleur qui eût fait mal à voir, si la radieuse pureté de ses traits n'avait fait oublier qu'ils manquaient de la couleur de la vie, se teignait maintenant des reflets timides de l'opale rose. Son front de crucifiée dilaté par la joie se gonflait sous le bandeau rouge qui l'encadrait comme une couronne d'épines ensanglantées. On sentait, à travers le bandeau, la voûte élargie de ce front qui avait pris l'ampleur qu'il faut à une pensée heureuse, et à sa manière de le porter on aurait dit qu'elle s'élançait du sommet de quelque Calvaire et que, d'Ange résigné passée Archange triomphant, elle montait d'un degré de plus dans l'éther de la vie et dans les hiérarchies du ciel.

— Ah ! pensait Néel un soir, après une de ces contemplations muettes auxquelles il avait condamné son fougueux amour désespéré, que dirait son père, s'il pouvait, en ce moment, la voir ! Comme il adorerait son mensonge ! Le remède qu'il cherchait pour la guérir, ce grand chimiste, peut-être l'a-t-il trouvé, simplement en la rendant heureuse. La vie lui vient : c'est la vie qu'elle n'avait pas, et qu'elle a maintenant, qui la rend si belle !... Et jamais, ajoutait-il avec rage, un jour de cette vie ne sera pour moi !

Puis revenant aux idées qui pesaient toujours sur sa pensée et l'enveloppaient de ces crêpes funèbres qui, du reste, ne l'attristaient pas :

— Nous ne mourrons donc pas ensemble, comme elle l'a dit, la grande Malgaigne ! — pensait-il encore. C'est moi qui mourrai et qui mourrai seul !

Il s'était fait une poésie de mourir avec elle, et il regrettait cette poésie. C'était là le seul égoïsme qui fût resté à son amour. C'était la seule résistance de l'ancien Néel qu'elle n'avait pu vaincre, dans le nouveau qu'elle avait créé, cette fille qui recommençait, en l'approfondissant, l'histoire de Sargines et que le vieux Herpin, dans son langage de bouvier, appelait « une apprivoiseuse de taureaux sauvages ! »

....Or, le soir qu'il pensait ainsi, avec amertume, ils étaient allés se promener autour du Quesnay, un peu plus loin qu'à l'ordinaire, profitant de cette santé qui montait dans Calixte, comme la sève dans la fleur ; profitant aussi de ces derniers beaux jours d'automne qui versent également dans les cœurs l'ivresse et la mélancolie... Néel ne savait plus distinguer l'une de l'autre dans le sien, rempli de toutes les deux.

En ces derniers beaux jours, beaux comme tout ce que l'on va perdre, — la nature, qui convie à toutes les vendanges, présente aux lèvres altérées la grappe dorée, soit par le soleil, soit par le désir. Ce soir-là, il semblait qu'elle l'offrît à Néel... C'était un de ces jours marqués profondément du caractère de l'automne, où tout, dans les choses et dans les aspects, paraît mûr, gonflé, juteux, prêt à couler sous on ne sait quel pressoir invisible dont on sent le poids sur les cœurs. Les airs détiédis, mais non froids encore, étaient saturés de parfums, à travers lesquels dominait l'arôme acidulé et pénétrant des pommes *gaulées*, relevées, en tas coniques, sous les pommiers, et que les premières pluies avaient meurtries. Le ciel sans nuages, tout uni, était du gris le plus reposé et le plus tendre. On aurait dit une coupole immense faite d'une seule perle, à travers laquelle le jour tamisé fût tombé plus doux.

De la place où Néel et Calixte se trouvaient, on voyait la campagne s'étendre et fuir au loin, rouge de ses sarrasins coupés qui lui donnent cette belle nuance de laque carminée, en harmonie avec la feuille rousse de ses chênes, les branches pourpres de ses tilleuls défeuillés et les tons d'ocre hâve de ses ciels au soir, en cette saison qui est elle-même un soir, — le soir de l'année !

Des pièces de terre qu'ils embrassaient du regard et qui faisaient damier dans la perspective, montait vers eux, velouté par la distance, le bruit des *flêts* des batteurs de sarrasin, car c'était le temps des batteries... On en voyait les fumées bleues, à dix points divers, à l'horizon : spirales grêles qui s'élevaient de ces amas de tuyaux de sarrasin battu que l'on brûle sur place, à trois pas des nappes blanches étendues dans lesquelles on en a recueilli la fleur, elles se tordaient un moment, comme des âmes en peine, dans ce calme ciel gris ; puis, dispersées par la brise dans l'étendue, donnaient de la profondeur et de la rêverie au paysage.

Néel et Calixte étaient assis dans les landelles, sur des arbres coupés et équarris, comme on en rencontre souvent dans les campagnes. On les y laisse pour qu'ils durcissent à l'air du temps et qu'ils y noircissent à la pluie. Ce sont des bancs pour ceux qui passent ! Tout à coup un bruit de charrette, aux essieux sifflants, s'entendit, et le fils Herpin déboucha d'un de ces chemins qui aboutissaient aux landelles. Il conduisait une charrette basse attelée seulement de deux bœufs trapus, et il dut passer près des deux jeunes gens, puisqu'il avait à traverser cette petite lande qui de sa petitesse tirait son nom.

— Fier temps pour la chasse ! monsieur Néel, — dit-il en les saluant, — mais le goût n'y est plus, à ce qu'il paraît, pour le fils de votre père ! Sans ch'a queu massacre de perdrix et de beccassines vous auriez pu faire aujourd'hui ! Monsieur de Lieusaint, qui va toujours, maugré l'âge, ne se gourdit pas, lui, auprès des demoiselles, car il est en bas de la côte avec la sienne, et ils chassent depuis *à matin* que je les ai rencontrés avec ma querette ! Vère, elle chasse comme un homme, m'amzelle Bernardine ! C'est la deuxième fois que j'aurons veu dans le pays chasser une demoiselle, depuis feu la demoiselle de Gourbeville !

Et il donna un coup de fouet sur la croupe de ses bœufs et passa. Il s'enfonça dans un chemin creux, en descente, placé juste en face de celui d'où il sortait. Néel ne lui avait pas répondu, mais le *fils de son père* avait eu son petit coup de fouet comme les bœufs, et il avait rougi aux paroles de ce paysan qui, sous du respect, mettait du reproche et de l'ironie.

— C'est vrai, — dit-il, — je n'aime plus la chasse. Je ne souhaite plus la guerre. Je ne pense plus à tout ce qui fut l'amour de ma vie et mon rêve. Ah ! Calixte, l'amour de ma vie et mon rêve, vous savez ce qu'ils sont à présent !

Elle ne répondit pas, mais elle le regarda. Il y avait dans ses beaux yeux navrés l'inutile pitié des êtres qui se sentent aimés et qui ne peuvent rien contre ce malheur irréparable. Néel, qui devinait pourquoi elle ne répondait pas, retint en lui cette plainte que le mot du fils Herpin avait fait jaillir de son âme, — et peut-être aussi l'influence attendrissante de ce jour-là, les marcescibles beautés de cette nature d'automne, qui agonise, et qui semblait à bout de vie, comme il était à bout d'amour !

....Ils se taisaient, en proie à des sentiments qui ne pouvaient, chez l'un comme chez l'autre, exprimer que le désespoir... Tout à coup, monsieur de Lieusaint et sa fille apparurent à l'orée du chemin par lequel le fils Herpin était entré dans les landelles. Pour ne pas passer auprès d'eux, il eût fallu que monsieur de Lieusaint tournât le dos et rentrât dans le chemin d'où il sortait, mais, par fierté pour lui-même et surtout pour sa fille, il ne pouvait pas reculer devant ce jeune homme, qui rejetait la main de son enfant après l'avoir obtenue.

Il se trouvait par hasard dans ce coin de lande, tête à tête avec celle qu'il savait la rivale de sa fille, mais il se rappelait que cette rivale, — peut-être involontaire, — l'avait reçu au Quesnay; et d'ailleurs il avait avec les femmes la politesse, maintenant perdue, des gentilshommes d'autrefois.

Néel, de son côté, ne pouvait non plus sans faiblesse éviter l'ami de son père. Ç'aurait été avouer des torts qu'au fond de sa conscience il sentait bien qu'il n'avait pas. Position délicate pour lui, — pour monsieur de Lieusaint, — pour Bernardine, — pour Calixte elle-même, pour ces quatre personnes placées, comme elles l'étaient alors, les unes vis-à-vis des autres, dans cet angle de paysage et dans la vie ! Monsieur de Lieusaint, qui vit sa fille pâlir, lui prit le bras, l'appuya sur le sien :

— Remets-toi, lui dit-il, ma Bernardine. Sois courageuse! Il n'y a pas moyen de les éviter.

Calixte, au même instant, disait à Néel : « C'est monsieur de Lieusaint et sa fille. Ils nous ont vus. C'est à vous d'aller au devant d'eux. »

Il y alla. Il salua, non sans embarras, Bernardine et son père, qui l'accueillit avec sa familiarité accoutumée, mais qui ne lui prit pas la main. Il est vrai que cette main, couverte d'un gant de chamois, soutenait le poignet tremblant de sa fille dont le bras était passé sous le sien. De l'autre, il tenait horizontalement son fusil à deux coups, au niveau de son jarret, guêtré de cuir.

— C'est mademoiselle Sombreval avec qui vous vous promenez? dit très naturellement monsieur de Lieusaint. Je me rappelle trop son hospitalité pendant que vous étiez blessé au Quesnay pour ne pas la saluer et lui demander de ses nouvelles. On dit qu'elle va mieux.

Et il s'avança vers Calixte, qui se leva et fit quelques pas vers leur groupe, — la seule d'entre tous qui fût calme comme l'Ange blanc de l'innocence, planant au-dessus des nuages de la vie, dans l'inaltérable outre-mer !

— Mademoiselle, — fit monsieur de Lieusaint en s'inclinant, — j'ai appris avec bonheur pour vous la grande résolution de monsieur votre père, dont il est tant parlé dans tout le pays... Je n'ai pas oublié non plus la grâce de votre hospitalité, — et ce vin de Tokay — ajouta-t-il gaiement — que vous nous avez versé à mon compère le vicomte Ephrem et à moi d'une main si charmante ! Eh bien ! mademoiselle, puisque je vous rencontre aujourd'hui, permettez qu'en souvenir de ce vin de Tokay qui valait mieux que tout ce que je puis vous offrir, je vous fasse hommage de notre chasse. Si vous ne retournez pas au Quesnay avec nous qui allons à Néhou, je viderai ma carnassière chez votre fermier Herpin en passant.

Calixte remercia avec cette noblesse qui

tenait lieu de l'habitude du monde à cette jeune fille de la Solitude. Pendant qu'elle répondait à monsieur de Lieusaint, Néel regardait Bernardine qu'il n'avait pas vue depuis longtemps et qui, comme toujours, dévisageait Calixte, de ses yeux naïvement jaloux.

Ah ! ce n'était plus la rose et ambroisienne Bernardine ! Jean Bellet avait eu raison. Il semblait qu'elle eût les *pâles couleurs*. Son éclat de fraîcheur sans égale, dans ce pays où les femmes ont la fraîcheur de la fleur de leurs pommiers, s'était évanoui. Le visage, autrefois si bonnement souriant, était devenu cruellement sérieux.

Fille sans mère, élevée à la campagne par un père homme d'action dès sa jeunesse, cette grande et forte Bernardine, malgré sa fraîcheur de rose ouverte, avait toujours paru moins délicate et moins *jeune fille* que les autres jeunes filles des châteaux environnants, qui avaient grandi dans la robe de leurs mères, mais aujourd'hui un sentiment blessé la replaçait à leur niveau.

Dans l'ennui de ne pas avoir un fils à qui les apprendre, son père, ce vieux soldat de Lieusaint, lui avait enseigné ces exercices de corps inconnus aux femmes de ce temps-là, qui n'avait pas comme le nôtre de ces ridicules gymnases auxquels nous devrons prochainement la suppression totale de ces peureuses charmantes et de ces maladroites divines que la fierté de l'Amour protecteur regrettera toujours.

En développant la force du corps chez les jeunes filles, nos fausses éducations ne se doutent pas à quel point elles tuent la grâce, cette sœur de la force, et même la tendresse... C'est l'éternel meurtre d'Abel par Caïn qui se continue depuis le commencement du monde, dans tous les ordres de faits. Bernard de Lieusaint, qui n'avait pas cette âme de mère que les pères ont parfois, mais par exception, comme l'avait Sombreval, Bernard, qui n'était simplement que père, avait cherché l'illusion d'un fils dans la jeune fille qui parait sa solitude et animait son isolement.

De bonne heure, il avait fait monter à Bernardine les pouliches de ses herbages... Il l'avait emmenée à la chasse. Il lui avait mis un fusil, léger comme un jouet, dans ses mains rosées. Il lui avait appris à cligner un de ses beaux yeux bleus, pour lesquels il devait y avoir de bien plus délicieuses manières de se fermer, et à tirer, d'un doigt ferme, sur la languette, sans que le front, — son front d'enfant, — bougeât d'une ligne, si près qu'il fût de la détente, au coup de feu !... Les mères, jalouses de Bernardine, disaient : « Elle sera bien jolie mademoiselle de Lieusaint, mais elle est par trop *garçonnière*. »

La *garçonnière* n'avait pas duré longtemps et il n'y avait eu de vrai que la moitié de l'oracle. Quand Bernardine fut grande tout à fait, le sexe, qui était venu avec ses instincts mystérieux et ses pudeurs, la fit renoncer à ce que monsieur de Lieusaint, dans son ancien langage de guerre, appelait, en riant, ses *expéditions*.

Elle laissa son père aller seul au bois de la Plaise et de Limore, et il ne fallut rien moins que l'abandon de Néel, et la jalousie qui nous mange mieux sur place et qui se mit à la dévorer dans ce manoir de Lieusaint où l'infidèle ne venait plus, — et une altération si profonde de tout son être qu'elle effraya les médecins, lesquels prescrivirent des promenades au grand air, pour qu'elle reprît le genre de vie auquel elle avait renoncé. Monsieur de Lieusaint l'exigea, et elle obéit à son père. Pourquoi lui eût-elle résisté?... Tout lui était égal. Elle disait comme Valentine de Milan : « Rien ne m'est plus. Plus ne m'est rien. »

En la rencontrant après un éloignement si long, Néel vit bien qu'elle était malade du même mal que lui, mais, dans son égoïsme atroce, l'amour qui souffre n'a pas plus de pitié pour qui souffre comme lui que les pestiférés n'ont de pitié les uns pour les autres. Ils étaient tous les deux changés ; tous les deux portaient dans tout leur être la marque effrayante d'une passion désespérée, et peut-être pensèrent-ils avec un tressaillement de joie sombre, quand ils se revirent et qu'ils se regardèrent, que c'était tant mieux !

Pâle presque autant que naguère l'était Calixte, sur les joues de qui semblaient se transposer ses roses, à elle, Bernardine, les yeux caves, la bouche ardente, n'avait plus cette luxuriance de forme, qui affirmait si splendidement combien elle était femme, cette fille à laquelle on avait osé appliquer un jour l'idée de garçon. Son corsage n'était plus maintenant en contradiction avec son costume, avec cette bandoulière de soie tressée qui suspendait à son épaule son fusil jeté comme un carquois, et qui ne trouvait plus, en passant par-dessus, de sein à couper sur cette poitrine d'amazone. Ses hanches avaient perdu de leur ampleur. Elle pouvait marcher et marcher vite, si le cœur ne lui avait pas tant pesé. Sa robe, très courte, du droguet du pays, laissait voir ses jambes d'Antiope, lacées dans des brodequins de couleur poussière, qui les défendaient contre les *piquets* du jan et la feuille de houx des halliers.

Elle avait sur ses cheveux, relevés tout droit et lui carrant le front, une toque écossaise

noire et violette, dont elle avait ôté la plume,
— trop triomphante (disait-elle) pour un front
aussi triste que le sien. « Sois veuve comme
moi ! avait-elle ajouté, l'ôtant de sa toque,
cette pauvre plume. — Tu as bien dansé sur
ma tête. Tu n'y danseras plus ! » Appuyée sur
le bras de son père, les deux mains renouées
sur ce bras, elle aurait ressemblé à la fille d'un
chef de Clan, si elle avait été heureuse... Mais,
contradiction de plus avec l'expression malade
de sa physionomie et la langueur de sa pose,
ce costume de la Force armée paraissait davantage une dérision de son destin !

Calixte, qui l'avait vue si fraîche, magnifique gerbe de fleurs humaines, et qui la retrouvait comme un bouquet de roses qu'une roue
de charrette aurait écrasé, se sentit dans le
cœur la pitié que ne sentait pas Néel. Rien
n'est plus triste que la mélancolie des êtres
qui ont été créés pour la joie, l'intensité des
sensations et tous les bonheurs de la force.

C'est tout simple, en effet, que la mélancolie chez les êtres délicats qui portent le poids
de leur vie et même de leur pensée avec peine !
mais, chez les forts, de la tristesse ! Mais des
lions avec des abattements d'antilopes, voilà
qui est navrant et horrible comme un désordre
dans la création.

Calixte, l'éprouva en regardant Bernardine.

L'amour de Dieu apprend vite l'amour de la terre. Calixte avait vu, dès la première visite faite par monsieur de Lieusaint et sa fille à Néel, malade au Quesnay, que l'amour et la jalousie avaient planté leur épine dans le cœur de Bernardine, et vous vous souvenez si elle en avait été touchée ! Mais l'éloignement, la préoccupation de son père, l'espoir toujours trompé, mais toujours vivant, que Néel cesserait de l'aimer, elle ! avaient énervé et endormi cette pitié de Calixte pour mademoiselle de Lieusaint. Le temps avait coulé sans qu'elle eût beaucoup pensé à la fiancée que délaissait Néel.

Cette image de Bernardine s'était effacée... Mais, quand elle la revit tout à coup, au retour du chemin des Landelles, traînant de sa secrète blessure, comme une biche frappée en plein flanc ; quand elle aperçut sur ce beau visage que Corrége aurait peint et dont il eût fait celui de l'Aurore, ces deux effroyables ornières que creusent les larmes, quand c'est à torrents qu'on en a versé, et qui sillonnaient des yeux à la bouche ces joues pâlies que le sentiment réprimé de la vue de sa rivale faisait trembler, Calixte sentit sa pitié la reprendre avec la force de la flamme que la cendre a couverte, et qui se réveille ! Elle se promit en ce moment qu'elle n'oublierait plus Bernardine. Elle se reprocha de l'avoir oubliée, de n'en avoir pas assez parlé à Néel... Elle jura de se dévouer au *bonheur de la malheureuse.* Elle se promit de lui faire épouser ce fiancé, qui la tuait en l'abandonnant...

« Moi, je suis morte pour lui. Je suis mariée à Dieu, — se disait-elle. Lui, il l'a déjà aimée. Il l'épousera et il l'aimera encore... » C'est là ce qu'elle pensait tout en marchant et en causant de choses indifférentes, de la route et du temps, avec ce père qui la croyait la rivale heureuse de sa fille ! qui pouvait la croire son ennemie !

Bernardine, la tête basse, l'œil aiguisé par une haineuse jalousie et fixé aux cailloux du chemin, se taisait, et Calixte n'osait parler à Bernardine, devenue si farouche. Que n'aurait-elle pas donné pour lui dire ce qu'elle pensait et ce qu'elle voulait faire pour elle ? Mais les situations sont souvent plus fortes que nos meilleurs sentiments. La situation était alors plus forte que l'âme de Calixte.

Victimes du hasard de cette rencontre, ils en ressentaient tous les quatre l'écrasant embarras... Ils marchaient, les uns auprès des autres, dans cette campagne tranquille, se disant, avec des voix troublées, des choses polies et vulgaires, coupées par de petits silences, désirant tous voir surgir le Quesnay et l'endroit de la route où ils devaient se séparer... A grand'peine contenaient-ils sous cette écorce de la courtoisie et du monde, des sentiments qui se trahissaient jusque dans les attitudes qu'ils avaient, tout en marchant, coude à coude, ainsi réunis.

Monsieur de Lieusaint qui, dans toute autre circonstance, aurait offert son bras à Calixte, était resté sa fille au bras, précisément parce que Néel ne pouvait pas offrir le sien à Bernardine. D'un autre côté, devant le vieil ami de son père qui l'avait cru si longtemps le mari certain de son enfant et envers qui il se sentait l'embarras de ne plus vouloir de sa fille, Néel n'osait faire ce qu'il eût fait, s'ils avaient été seuls, Calixte et lui. Il n'osait donner le bras à Calixte qui allait, — isolée, — appuyée sur son ombrelle blanche, — inutile, — puisque le soleil de cette après-midi d'automne n'avait pas la force de traverser la nappe grise du ciel qu'à peine il tiédissait.

Elle, Calixte, avait gardé son voile baissé sur son visage, astre de paix, dont ils sentaient peut-être l'influence, ces cœurs blessés qui pouvaient se toucher trop fort dans quelque mot et qui se contenaient, et, sous ce voile baissé, elle cachait mieux sa compassion pour Bernardine, — pour cette malheureuse qu'à tout prix elle voulait sauver !

Dès le soir même, elle en parla à Néel. Néel avait laissé partir pour Néhou monsieur de Lieusaint et sa fille. Quand on était arrivé à la grille du Quesnay, Néel était allé chercher l'un des Herpin, qui vint prendre la carnassière du vieux chasseur, et il n'avait pas reparu. Monsieur de Lieusaint ne l'attendait pas. « Il nous rattrapera, dit-il légèrement en saluant Calixte. Nous irons doucement. »

Mais c'était de la fierté qui se couvrait par cette parole Monsieur de Lieusaint savait bien que Néel ne reviendrait pas. Néel voulait passer au Quesnay l'importune soirée qui l'attendait à Néhou avec Bernardine ; mais au Quesnay, il trouva Bernardine encore. Il la trouva... sur les lèvres de Calixte... à la place même où avec l'amour qu'il avait pour Calixte il devait le plus la détester !

— La tuerez-vous donc, Néel, lui dit Calixte, pour prix de vous avoir aimé ? la tuerez-vous sans profit pour vous et pour une autre, pour le plaisir aveugle et cruel de tuer une jeune fille qui vous a choisi et que vous avez choisie, qui a mis, sur votre parole, sa vie et son cœur, qui est presque votre femme, cher Néel, car le consentement des pères, c'est le mariage devant Dieu !

Mais Néel n'écoutait pas. Il était arrivé, en entendant Calixte lui parler de Bernardine, à ce degré d'agacement, de passion contrariée, de parti froid, d'égoïsme féroce, qui rend insensible à tout, à la générosité, à la justice et même à la caresse de la voix aimée!

— Calixte, répondit-il après un moment de silence, ne me parlez pas de Bernardine. Je ne l'aime plus... C'est vous qui l'avez chassée de mon âme. Vous ne voulez pas que je la haïsse? Ne me la faites pas détester.

— Écoutez, Néel, — dit Calixte, si je mourais, moi, et si en mourant je vous demandais de faire cela pour moi, vous le feriez, n'est-ce pas?... Eh bien, mon ami, je suis morte. Dans quelque mois, au plus un an, le cloître m'aura prise comme une tombe...

— Non, interrompit violemment Néel, — vous morte, je mourrais! Vous carmélite, c'est comme morte encore! La Malgaigne l'a dit, — poursuivit-il exalté, — nous serons mariés dans la mort...

Elle se tut au ton qu'il avait pris. Elle en fut frappée. Un peu de rose en passa sur ses joues, quelque chose de moite dans ses yeux... Pour la première fois, elle sentait la résistance, la fermeture, l'endurcissement qui se levait contre elle dans cette âme dont elle était la souveraine, obéie jusque-là toujours! Elle trouvait là un Néel qu'elle ne connaissait pas, un Néel sombre, contracté, colère, dont l'accent lui montrait que rien n'est fauve comme un homme qui défend son amour, même contre la femme aimée qui veut qu'on le lui sacrifie!... Et elle n'insista pas. Mais, ce jour-là, — ni plus tard, — car elle y revint, — Néel ne s'amollit sous le souffle qui était sa vie.

Quand elle lui parlait de Bernardine, quand elle lui faisait la moindre allusion aux douleurs de cette fille infortunée, Néel se révoltait à l'instant! Ce n'étaient plus ni sa voix, ni son regard, ni son geste!

Il entrait alors contre Calixte, cette adoration de son âme, dans une fureur presque sauvage, et, ne voulant plus la rejeter dans les crises de son mal par le spectacle des furies qu'elle soulevait en lui, il s'ensauvait, comme un fou, dans les marais et dans les bois, y cherchant le vent des Ourals qui n'y était pas, pour éteindre le feu de sa tête de Slave incendiée!

XXVI

E fut la plus horrible époque de sa vie. On l'a vu, il n'avait jamais été heureux, puisqu'il n'avait jamais été aimé... comme, du moins, il eût voulu être aimé d'elle. Mais l'intimité fraternelle dans laquelle ils passaient leurs jours adoucissait pour lui ce grand malheur inconsolable de la vie ! Il avait trompé ses sens embrasés dans cette intimité qui les embrasait plus encore, en y étanchant au moins les soifs de son cœur.

Eh bien ! voilà que cette intimité, il la perdait ! Elle était faussée par l'image de Bernardine, évoquée incessamment par Calixte et prenant sa place entre eux deux. Ils n'étaient plus deux, ils étaient trois. Il perdait ce qui jusque-là l'avait aidé à vivre. Il descendait la dernière marche du malheur. Bernardine, — reproche ou prière sur les lèvres de Calixte, — l'éloignait de Calixte elle-même. Ah! les faciles générosités des femmes qui ne nous aiment pas et qui veulent que nous renoncions à elles sont d'outrageantes dérisions! Néel venait moins au Quesnay.

Il n'y voulait pas apporter cette couvée de colères, qui s'accumulaient en lui, empoisonnant, mais ne diminuant point son amour. Jusque-là ses désespoirs avaient été intermittents. Il connut alors le désespoir qui ne lâche plus son homme. Il ne sortit plus de cet étau. Son visage bouleversé finit par effrayer le vicomte Ephrem, et malgré la légèreté avec laquelle ce vieillard du dix-huitième siècle prenait tout, il le lui dit, un soir, avec un accent si vrai que Néel, qui débordait de douleur, eut toutes les peines du monde à ne pas tomber sur l'épaule de son père pour y pleurer comme un enfant... Isolement mortel d'un cœur jeune! Néel sentait qu'il n'avait personne, pas un ami à qui il pût dire en se cachant le front dans sa poitrine : « Elle me fait tant de peine! console-moi d'elle! » Il pensait alors à cet ami noyé dans le Vey, à Gustave d'Orglande. Les douleurs sont des échos dans nos âmes. Une qui y tombe en peut réveiller cent ! Il n'avait personne à qui se jeter, quand Calixte ne voulait plus être Calixte, — la Calixte qui ne l'aimait pas, mais qui se laissait adorer ! et ne lui opposait pas, comme à présent, toujours, toujours cette Bernardine ! « Au moins, si tu vivais, Gustave, s'écriait-il, si je n'avais pas été la cause de ta mort, mon pauvre Gustave, tu me plaindrais, toi, je te parlerais d'elle ! Je me plaindrais d'elle à toi ! » car il avait soif de se plaindre d'elle ; il avait cet affreux besoin de se plaindre de la femme aimée, qui est encore une manière, la plus lâche manière de l'adorer !! Et dans cet isolement, et tout en se disant qu'il n'avait personne, il pensa tout à coup qu'il se trompait, qu'il avait Sombreval !... Sombreval, le père de Calixte ! qui voulait aussi être son père, à lui, et qui avait toujours été si bon pour son amour !... Et il se dit qu'il devait aller vers cet homme, et que cela lui ferait soulagement peut-être de verser son cœur plein d'amertume dans ce mâle cœur !

Il l'annonça un jour à Calixte.

— Avez-vous, lui dit-il, quelque chose à envoyer ou à mander à votre père ?... J'ai soif de le voir depuis quelques jours. Je ne retournerai pas à Néhou ce soir. En sortant d'ici, je pars pour Coutances.

Calixte se récria, mais elle était heureuse...

— Je n'ai rien à vous donner pour lui, — répondit-elle. — N'a-t-il pas tout de moi, excepté moi ? Je lui écris tous les jours, et lui, de son côté, tous les jours, me répond... Ah ! je sais sa vie heure par heure... Mais vous, Néel, vous le verrez... et c'est ainsi qu'en me revenant, vous me rapporterez un peu de mon père !

— Ah ! fit-il à ce mot si profond d'amour ; jaloux de tout, injuste et amer, parce qu'il souffrait des tortures, est-elle bien sûre de ne pas l'aimer mieux que son Dieu !... Et moi, insensé, j'ai pu croire, une seule minute, j'ai pu croire qu'il y avait peut-être place dans son âme pour un autre amour !

Elle le conduisit au perron, quand il prit congé d'elle. La nuit était laide. Le vent rechigné. La lune voilée. Un brouillard glacé se levait sur l'étang. Mais elle ne lui dit pas : « Attendez à demain ! » il allait voir son père ! Il faisait beau ! Néel était trop heureux ! — Tête nue à l'humidité qui tombait, elle appuyait, sans s'en apercevoir, son bras nu sur la balustrade du perron, qui pleurait, comme les pierres pleurent, des larmes glacées... pendant que lui montait à cheval, au bas des degrés. Le vent éteignit le flambeau qu'elle tenait... mais son âme n'était pas aux présages !

— V'là qu'il commence à bruiner, — dit le vieux Herpin en amenant de l'écurie son cheval à Néel. *Tout écrasera*, c'est sûr, de pluie, au matin, quand se couchera la lune !

Mais la réflexion du vieux faiseur d'almanachs fut perdue. Néel, cette nuit-là, à la place de pluie, aurait voulu qu'il tombât des piques, et Calixte ne l'aurait pas empêché de partir, quand elles fussent tombées, la pointe en bas !

Hélas ! ce voyage dont ils espéraient tant de bien tous les deux fut inutile. Néel de Néhou ne put voir comme il aurait voulu Sombreval, renfermé qu'il était dans le séminaire de cette ville que l'évêque du diocèse lui avait assigné pour lieu de retraite et de pénitence. A cette époque, la Trappe de Briquebec n'était pas fondée encore. Sombreval avait demandé avec beaucoup d'instance à être interné dans celle de Mortagne, mais l'évêque de Coutances, flatté d'avoir un pénitent qui faisait honneur au diocèse, n'avait pas voulu qu'il quittât son Grand Séminaire. L'abbé Sombreval y vivait dans la plus impénétrable solitude.

Les détails que Néel recueillit sur ce grand coupable, devenu un aussi grand pénitent qu'il avait été un grand pécheur, et qui continuait d'occuper l'opinion et, comme on disait à Coutances, de « faire jouer les langues du monde, » lui furent donnés par un vieux sacristain boiteux, au crâne jaune et chauve comme une boule de buis, qu'il trouva randonnant dans l'église du Grand Séminaire, une lanterne allumée à la main, car il venait de balayer la crypte. « L'abbé Sombreval, — lui conta ce bonhomme, — était l'édification de la Communauté. » Pour expier les crimes de sa vie, il se livrait à des macérations extraordinaires. Il jeûnait au pain et à l'eau, portait le cilice et même sous le cilice, à ce qu'on prétendait, — une ceinture de fer, armée d'un dard, qui, sous la pression d'un ressort, entrait dans le flanc et y restait.

« Toutes les nuits, ajouta le vieux bavard qu'on appelait dans le séminaire le vieux : *Voyez-vous ça!* d'un tic de langage qu'il avait, — toutes les nuits, reprit-il, enchanté de l'effet qu'il produisait sur Néel avec ses récits, — quand j'ai fait la ronde des dortoirs et que je m'en reviens par le long corridor de l'Ouest, où est sise la cellule de cet abbé Sombreval, j'ouïs des bruits de coups qui font trembler... voyez-vous ça! et qui viennent de la terrible discipline qu'il se donne. Ah! par le bienheureux Thomas de Biville! il n'y va pas de main morte, voyez-vous ça! Timothée Lambinet, qui fait la chambre à tous nos messieurs, m'a bien des fois conté qu'on voyait sur les murs de la sienne, blanchie à la chaux, comme une espèce de croûte faite par les gouttes de sang qui y ont rejailli et séché... Oui, monsieur, comme une croûte, voyez-vous ça ! Oh ! le voilà redevenu un rude chrétien, en marche peut-être pour plus tard devenir un grand saint ! Qui sait les grâces de Dieu et ses miséricordes ?

« Tenez, monsieur, le zèle de son repentir était tel quand il arriva, qu'il demanda à Notre Seigneur Evêque de faire la pénitence publique des premiers chrétiens à la porte de notre église. Voyez-vous ça ! Mais la prudence du Seigneur Évêque s'est opposée à une chose qui aurait fait crier les impies comme des paons sur les toits, et il l'a seulement obligé à se tenir debout ou à genoux à la grille du chœur sans y entrer pendant nos offices et à y venir lire la nuit son office de nuit, comme il aurait pu faire à la Trappe, dont il suit présentement la stricte observance. C'est donc là... oui, là, à cette place, sous la perche du crucifix, que vous pouvez le voir, mon jeune monsieur, mais bien entendu sans lui parler, — si vous êtes curieux de voir ce grand homme, ce grand coupable, ce grand pénitent, qui nous attire du monde, ici, — depuis qu'il y est, — de tous les points de la presqu'île, — car il y a des curiosités bien permises, voyez-vous ça. — des curiosités édifiantes !... »

Et cela dit, il souffla un bout de cire blanche,

qu'il avait tiré de sa lanterne pour le souffler, et qu'il y replaça, éteint. Puis il ôta à Néel sa calotte, gaufrée et luisante, cette ancienne calotte gallicane, qu'on saisissait délicatement, quand on voulait saluer, par un petit anneau placé au centre et au sommet, et il rentra, clopinant, dans la sacristie, — laissant le jeune homme qu'il ne connaissait pas tout en rêveries sur les choses qu'il lui avait dites du *fameux* abbé Sombreval.

C'est que ces choses avaient un sens pour Néel qu'elles ne pouvaient avoir pour personne. De quelle lueur ne lui éclairaient-elles pas Sombreval ? Quoi ! Sombreval, dont il savait seul le secret poussait la perfection de l'hypocrisie jusqu'à la sincérité d'une pénitence qui aurait effrayé bien des âmes croyantes et fidèles et qui à la sainteté même eût paru redoutable ? Oui ! c'était lui, Sombreval, qui avait voulu toutes les rigueurs d'un châtiment que l'évêque, plus indulgent, ne lui aurait peut-être pas infligées, car devant l'humiliation de l'aveu et le désir de la réconciliation, l'Église est habituellement miséricordieuse. C'était lui qui l'avait voulue, cette pénitence, et demandée plus publique encore et si dure que l'évêque avait refusé de condescendre à son désir, le temps n'étant plus aux sévérités des premiers âges !

« Et encore — pensait Néel — je conçois la pénitence publique, puisqu'il veut redevenir prêtre pour faire la joie de son enfant, cet homme qui n'est plus que père. C'est un moyen. Qui veut la fin veut les moyens. Mais pourquoi les macérations solitaires ?... Quoi ! Sombreval, l'athée Sombreval, rentré une fois dans les quatre murs de sa cellule, ne déboucle pas cette chappe de plomb de l'hypocrisie que Dante fait porter aux hypocrites dans l'enfer et qu'ils portent aussi sur la terre, et, au lieu de s'endormir sur son sommier de chartreux, en pensant à sa Calixte pour laquelle il joue cette effroyable comédie à laquelle il s'est ravalé, il se lève, sans témoins, dans la solitude et dans la nuit, et d'une main libre et qu'il rend acharnée, il se flagelle comme un moine fervent et certain que Dieu le regarde et fait couler le sang de sa chair aux pieds du Dieu auquel il ne croit pas ? Oh ! cela, à quoi bon ? Et pourquoi ? »

Néel se perdait dans cet abîme.

« Est-ce qu'il aurait fini par être touché et par croire ?... — reprenait-il, l'œil brillant de joie et d'espérance, car l'hypocrisie de Sombreval, si sublime qu'elle fût d'amour paternel, faisait horreur à l'âme droite et religieuse de Néel... Est-ce qu'à force de jouer avec la pénitence, la pénitence l'aurait saisi et pénétré ?...

Les menteurs finissent par croire à leurs mensonges, et c'est leur punition!... Mais cette idée, qui implique une faiblesse, n'était pas admissible pour un homme de la force de tête de Sombreval. Néel regardait d'un œil fixe dans cette profondeur, et, à force d'y regarder il finit par voir dans les ténèbres.

Il perça en cette profondeur. Il comprit tout. Il comprit la croûte de sang sur la muraille du vieux sacristain *Voyez-vous-ça*. Il comprit que pour Sombreval il n'y avait pas de solitude. Il se dit que dans les maisons religieuses l'œil des supérieurs est partout comme l'œil de Dieu même, et que Sombreval le savait, et qu'en exaltant, en exaspérant sa pénitence, il était sûr d'en abréger la durée! Purifié et sanctifié par cette pénitence, il rentrerait plus vite dans ses fonctions de prêtre et ferait plus tôt Calixte heureuse! Ainsi il achetait le bonheur de sa fille avec le sang dont il éclaboussait sa cellule. Il le lui donnait par gouttes, au lieu de le lui donner d'une versée. Mais ce sang, il l'eût, sous toutes les formes, fait couler pour elle tout entier!

Néel voulut le voir cependant, — le voir sans lui parler, puisqu'on ne pouvait autrement, — avant de repartir pour Néhou. Il voulut juger par lui-même de la dissimulation inouïe de cet homme qui était en train de duper tout un pays par la perfection de son attitude et le courage du mensonge le plus cruel. Néel resta donc à Coutances jusqu'au dimanche, qui était le jour où Sombreval faisait son apparition dans l'église du Grand-Séminaire. Il l'y vit à la place que lui avait désignée le vieux *Voyez-vous-ça...* Et quoiqu'il fût prévenu par le récit du sacristain et sût à quoi s'en tenir, d'ailleurs, sur l'énergie de volonté de Sombreval, Néel ne put s'étonner d'un spectacle sur lequel il ne comptait pas...

Sombreval avait revêtu une soutane d'étoffe assez grossière, mais il ne portait encore ni rabat, ni ceinture. Ses cheveux de Samson, pour lesquels il n'y avait jamais eu de Dalila et qu'il laissait croître avec l'indifférence du savant, étaient alors coupés *en rond,* comme ceux des jeunes Séminaristes, en surplis et à la tonsure fraîche, qui chantaient dans les nombreuses stalles du chœur. Excepté à l'Evangile qu'il se leva et masqua l'entrée du chœur, de sa grande taille et de ses vastes épaules, aux personnes placées derrière lui, il resta durement à genoux, pendant toute la messe, sur la pierre, sans prie-Dieu pour soutenir ses bras, — et il ne s'assit pas une seule fois sur son escabeau. A l'Élévation il se prosterna et fut longtemps dans cette posture. Néel s'était placé de manière à pouvoir l'observer... et ce qu'il vit confirma les propos du vieux sacristain.

Sombreval avait pâli autant que le bronze peut pâlir et maigri autant que peut maigrir un entrelacement d'os, de nerfs et de muscles, aussi formidable que l'était son corps... Son front, que ses cheveux, cléricalement coupés très-court sur les tempes, faisaient paraître plus grand encore, était toujours ce grand front de génie que connaissait Néel, et sur lequel la faux de la vie (qui a une faux comme la mort!) avait passé, mais, en ce moment, ce front éclatait de l'exaltation qu'il aurait eue, si, à la lueur de ses fourneaux, l'obstiné chimiste avait enfin triomphé des gaz rebelles et réussi dans cette combinaison qu'il rêvait et qui devait sauver sa fille! C'est qu'il faisait, — ici, — dans cette église — (pensa Néel), identiquement ce qu'il faisait sur ses fourneaux allumés dans les combles du Quesnay, et il voyait ici la *réussite,* qu'il n'avait jamais vue à la flamme de ses fourneaux impuissants!

Cette exaltation du front de Sombreval lui donnait une magnifique physionomie. Néel en savait la cause, mais toute cette foule qui emplissait la nef l'ignorait..., et pour elle, c'était l'exaltation de la pénitence, l'enthousiasme du repentir, la joie austère de la réconciliation avec Dieu! Ce front de Sombreval était éloquent comme un front d'aveugle : il parlait comme deux yeux ! Comparaison d'autant plus vraie que Sombreval, aveugle volontaire pour tout ce qui l'entourait, garda ses yeux imperturbablement baissés sur son missel pendant tout le temps de la messe. Néel n'en vit pas une seule fois darder le feu de dessous les touffes grises de ces sourcils terribles qui les ombrageaient, le buisson d'Horeb de ce regard, caché là-dessous, comme Dieu ! Quand la messe fut dite, Néel se plaça sur le passage de Sombreval comme il sortait de l'église pour regagner sa cellule par la cour intérieure du Grand-Séminaire, mais les yeux de Sombreval ne se relevèrent point, et le grand pénitent (on l'appelait déjà ainsi dans Coutances) passa absorbé en lui-même ou en Dieu, le long de la rangée des personnes qui se poussaient un peu pour le voir. Il semblait que cet homme, qui ne regardait que la terre, ne lui appartînt déjà plus.

XXVII

INSI trompé dans son espoir, Néel s'en revint à Néhou sans pouvoir joindre Sombreval et survider dans son sein un cœur chargé. Il revint, comme il était allé, par la *traverse*, par des chemins de perdition. gouffre de fange et de cailloux, où les charrettes entraient jusqu'au moyeu, quand elles n'y restaient pas abîmées, et où, sur les berges étroites et glissantes, il fallait être un hardi casse-cou pour pouvoir maintenir les pieds d'un cheval. Néel ne haïssait pas ces chemins barbares que l'âpre indifférence de nos ancêtres à tout ce qui était danger ou peine

laissait se creuser sous l'action du temps, de la pluie et de leurs lourdes charrettes, entre des champs parfaitement cultivés. Il en avait tant de fois affronté les périls et la sauvagerie solitaire! Mais, aujourd'hui, il ne les prenait que parce qu'ils étaient *le plus court* pour revenir à Néhou, et surtout à Calixte, qu'il avait quittée avec un empressement si amer et si sombre, et qu'aujourd'hui, après six jours d'absence à peine, il avait fureur de revoir!

Qui ne les connaît pas ces inconséquences de l'amour, ces soudains revirements du cœur, ces dérisoires escarpolettes de la passion qui nous lance et qui nous rejette, presque au même moment, au deux extrémités des sentiments les plus contraires? Parti avec la rapidité fauve d'un homme qui se délivre par la fuite de la persécution de son ennemi (et, grand Dieu! l'ennemi, c'était *elle !*), Néel revenait aussi rapidement vers cet ennemi, incommutablement adoré, et il y revenait avec la nostalgie brûlante de cette misérable absence de six jours! Mauvais déjà, quand il y avait passé, les chemins, en ces quelques jours, étaient devenus pires encore.

L'hiver commençait. Il était tombé de ces noyantes pluies d'*abat,* comme on les nomme dans le pays, qui font de cette partie basse de la Normandie un marais l'hiver, mais au printemps le plus gras et le plus verdoyant des herbages. Le vent, il est vrai, — un fort vent qui venait de la côte, — car la côte est partout par là et nous sommes presque des insulaires — séchait les chemins et ridait fougueusement, à mille plis, les mares qu'il n'avait pu sécher... Or, ce vent, qui prenait Néel en plein visage, s'engouffrait dans son manteau et tordait la crinière de son cheval, était, avec le défoncement et le glissant des chemins, une résistance de plus qu'il avait à vaincre Il n'avançait pas comme il l'aurait voulu, et c'étaient les flancs du pauvre *Foudre* qui payaient tout cela.

Ah ! c'est sur le flanc de nos chevaux que nous écrivons, en caractères de sang, l'empressement que nous avons de vous revoir, ô vous que nous aimons et dont le destin est de faire saigner toujours quelque chose ! La rafale continue était un obstacle qni retardait Néel. En marchant contre elle, il sentait la résistance d'un mur qu'il fallait percer. Cette ventée qui n'emportait ni poussière ni feuillage, car il n'en restait ni aux chemins ni aux haies, et qui faisait fermer les portes, d'ordinaire ouvertes, aux rares maisons accroupies au bord de la route, avec leurs murs d'argile effondrés et leurs toits de paille, verts de mousse ; ce ciel bas, d'un gris de plomb sillonné de grandes nuées noires, que l'ouragan pelotonnait et emportait de ce ciel immobile, qui restait gris comme l'âme reste triste, lorsque les malheurs sont passés ; ce hurlement monotone du vent qui ressemblait à celui des chiens, quand ils pleurent, et quelquefois, vous le savez, ce hurlement des chiens, de ces bêtes de la fidélité, a la douceur et la tendresse aux abois du roucoulement des tourterelles... tout cela infligeait sa tristesse au cœur de Néel de Néhou.

Il marcha tout le jour et ne descendit pas de la selle. Il ne rencontra personne dans ces routes que les gens pressés prenaient encore l'été, mais où l'hiver ils ne se risquaient plus... Les seuls êtres vivants qui fussent en ces solitudes mornes, c'étaient quelques poulains à moitié sauvages qui s'abritaient contre le vent, sous les haies des prairies où ils pâturaient, et qui, le voyant et l'entendant par les trous de ces haies rompues, regagnaient l'intérieur de leurs pâturages au plus effaré de leurs galops, envoyant seulement de loin à *Foudre* ces hennissements tremblants et ricaneusement clairs qui sont un langage et auxquels le bel animal répondait par les siens, plus fiers et plus pleinement retentissants.

Quand le jour baissa, et ce fut de bonne heure, le vent ne cessa pas, mais il devint plus froid et plus rauque ; l'horizon, au couchant, se tacheta de jaune et de noir, comme un tigre...

Puis les ténèbres commencèrent à tomber peu à peu et à filtrer dans les airs assombris, comme de l'encre qu'on verserait, goutte à goutte, dans un verre d'eau... Néel éperonna plus fort sa monture... Il était loin du bourg de S... et il voulait, avant de rentrer à Néhou, passer par le Quesnay, la revoir, la reine de ses rêves, sa désirée, celle-là qui lui mettait un si cruel ennui au cœur ! Il voulait lui raconter ce qu'il avait appris de son père... et mentir aussi pour qu'elle fût heureuse ! ! car il sentait bien que, s'il parlait, lui qui savait le fond de l'âme de Sombreval, il prendrait à sa charge la moitié de son imposture.

Jusque-là il avait pu se taire ; à présent, il ne le pouvait plus. Le mot de la Malgaigne, à son premier retour au Quesnay, quand il avait conduit Sombreval à la Sangsurière, lui remontait à la pensée : « Mentirez-vous, monsieur Néel, vous qui êtes d'une race qui n'a jamais menti ? » Les mots persécuteurs, les mots acharnés qui nous tuent, on les voit mieux la nuit. Ils nous poursuivent mieux dans le noir de la nuit. Ils y brillent comme d'infernales pierreries, comme les étoiles de l'enfer. Les joues de Néel brûlaient de honte sous ce vent glacé, à la pensée du mensonge volontaire qu'il allait partager, mais il n'hésitait pas. Et c'était cela bien plus que l'heure, bien plus que le mauvais temps, qui avait fait pour lui le crépuscule si hâve et la nuit si sombre, quand elle était tombée.

C'était cela bien plus que l'équinoxe et sa furie qui rendait le hurlement du vent si désespéré !... Il pressait son cheval. Il le surmenait, comme un homme qui va à son destin. Et il y allait ! mais comme tous les malheureux qui y vont, — alors il ne s'en doutait pas. Il ne pensait pas alors au genre de glaive qui lui pendait sur la tête, en ces ténèbres toujours croissantes, à travers lesquelles il poussait son cheval, toujours un peu plus... Et ce vent qui lui flagellait la figure et qui, avant de l'atteindre, avait soufflé sur le toit du Quesnay, ne lui disait rien de cette maison *frappée*, sur laquelle il avait passé !

Oui ! Elle avait été frappée ! Pendant ces quelques jours de l'absence de Néel, l'abbé Méautis avait enfin parlé. La lutte déchirante qui durait, dans sa conscience, depuis la vision de Calixte, cette scène effrayante dont il avait été témoin, avait fini par le triomphe du prêtre sur les sensibilités de l'homme, par la préférence de l'intérêt surnaturel d'une jeune fille qu'il aimait en Dieu, à son intérêt sur la terre. Un soir qu'elle était venue à l'église de Néhou et qu'il l'avait confessée pour sa communion du lendemain, il vit sans doute, dans l'âme de sa jeune pénitente, la disposition, la force secrète qu'il attendait pour lui dire la terrible chose dont il avait douté avec transe, mais dont à présent il ne doutait plus.

Il était arrivé, en effet, à la certitude. Il y était arrivé par les moyens qu'ont toujours employés les Saints et les Mystiques dans les ténèbres de la vie. Il avait prié. Il s'était fié à la prière... Il avait appuyé contre le ciel ce levier irrésistible de la prière, qui l'ouvre de force, — et, sûr de la bonté de Dieu auquel il avait demandé un *signe* qui l'empêchât de se tromper sur la voie qu'il avait à suivre, il l'avait obtenu, ce signe. Mais quel était-il ?... Il ne le dit point, et Calixte ne le lui demanda pas ! Elle connaissait la sainteté de l'abbé Méautis. Avancée comme elle l'était dans la voie spirituelle, elle savait par l'histoire des grands Mystiques que Dieu, sommé de s'expliquer par ceux qu'il aime, se révèle sur les choses cachées par des signes visibles pour eux seuls. L'histoire des grands Mystiques est pleine de ces faits. Elle y croyait et elle crut l'abbé Méautis.

Lui, le pauvre abbé, — au désespoir de faire le mal qu'il allait faire à une enfant pour laquelle il ressentait cet amour divin qu'ont les grands confesseurs pour les âmes commises en leurs mains, — prit toutes les précautions humaines contre les conséquences, irrésistiblement fatales, de son devoir spirituel accompli. C'est à l'Église, en face du Dieu présent dans le Saint-Sacrement de l'autel, qu'il aurait voulu faire sa foudroyante confidence à Calixte, car il savait quelle force pouvait tomber sur l'âme de la jeune fille, de ces murs consacrés par la présence du Dieu caché sous les mystiques espèces... Mais il savait aussi le mal de Calixte. Elle pouvait d'émotion retomber dans une de ces crises ; et alors, que ferait-il, lui, aux approches de la nuit, dans une église solitaire, avec cette fille, comme il l'avait vue déjà, — devenue tout à coup un cadavre ?

Il résolut donc de la reconduire au Quesnay, et de ne lui parler que là... Du moins au Quesnay, si le mal devait la reprendre, tout était prêt contre son atteinte... Quand, après sa confession, elle eut fait son action de grâces :

— Je vous reconduirai, mademoiselle, — lui dit-il.

Elle ne lui objecta pas qu'elle avait avec elle le nègre Pepé, et qu'elle ne voulait pas lui donner cette peine. Elle accepta très naturellement... et ils s'en allèrent, descendant la butte Saint-Jean, l'un à côté de l'autre, — ignorante, elle, comme la victime du sacrifice qu'on y conduit, sans qu'elle le sache ; et lui, triste comme le sacrificateur qui va frapper.

Quand ils furent dans le grand salon du Quesnay, et quand elle eut ôté la pelisse à capuchon qu'elle avait prise contre le vent, la physionomie défaite de l'abbé Méautis fut pour elle comme une intuition.

— Ah! monsieur le curé, — s'écria-t-elle, vous avez voulu me reconduire au Quesnay pour m'apprendre une mauvaise nouvelle...

— Votre père se porte bien, mademoiselle, interrompit l'abbé avec une adorable précipitation qui disait la peur de son âme...

— Alors, c'est donc Néel! — dit-elle, devenant blanche, de pâle qu'elle était quand elle avait pensé à son père...

— Non, mademoiselle, — répondit le curé. Je ne sais rien de monsieur de Néhou. Mais n'y a-t-il donc que la santé de ceux que vous aimez qui vous intéresse?... Est-ce que pour vous, la fille de Jésus-Christ, est-ce que pour vous, la Carmélite, — il ne savait qui invoquer, le malheureux prêtre, pour donner à Calixte un peu de force sur laquelle il ne comptait pas, — est-ce que l'âme et ses intérêts éternels ne doivent pas passer avant le corps et la vie et tous ses intérêts terrestres?...

— Eh bien? fit-elle, placide.

— Eh bien! dit-il, ne vous rassurez pas trop, mademoiselle, car peut-être ai-je à vous apprendre une mauvaise nouvelle... Etes-vous bien sûre que monsieur votre père soit sincèrement revenu à Dieu ?

— Oh ! fit-elle.

Elle ne dit que cela. Mais quel beau regard elle lui jeta en même temps que ce cri sublime !

Elle était debout. Elle marcha vivement vers sa chambre, restée ouverte, et, revenant une lettre à la main qu'elle avait trouvée dans l'obscurité :

— Tenez, monsieur ! dit-elle avec une triomphante certitude.

C'était une lettre de l'évêque de Coutances, adressée à elle, Calixte Sombreval ! une lettre dans laquelle l'évêque heureux, le pasteur d'âmes qui a vu revenir au bercail la brebis rebelle, exprimait sa joie de ce retour inespéré. Toutes les mortifications dont le vieux sacristain *Voyez-vous-ça* avait parlé à Néel, le détail en était au long dans cette lettre. Pour que l'évêque de Coutances se fût décidé à l'écrire à la fille qui était le crime de son père, il fallait, certes, que Sombreval eût exercé une bien grande influence sur l'esprit de l'évêque. Il fallait qu'il eût parlé de la piété de Calixte avec une passion bien irrésistible, et qu'il eût donné les prières de sa fille comme la cause de son repentir.

L'abbé lut. Elle se tenait devant lui, victorieuse.

— Ah ! qui n'y serait trompé ? dit-il. Mais il n'y a que Dieu qu'on ne trompe point, et c'est Dieu qui m'a parlé, à moi ! Et c'est Dieu qui veut que je vous parle, à vous, fille de foi, qui n'avez jamais voulu que sa gloire !...

Alors, avec une impétuosité qu'elle ne lui avait jamais vue, à cet homme si doux, il lui raconta tout, et cette vision du crucifix saignant contre elle, cette vision dont elle n'avait pas eu conscience et qui avait été pour lui la première dénonciation du sacrilège ! — et les luttes poignantes, infinies, par lesquelles, depuis ce terrible moment-là, il avait passé, ces luttes entre sa conscience de prêtre averti et sa pitié d'homme et d'ami ! — et jusqu'aux incrédulités de la Malgaigne, qu'il avait d'abord méprisées, n'osant se fier à cette femme singulière dont pourtant il connaissait la foi, la foi effrayée, et qui accusait si obstinément Sombreval, malgré l'espèce d'amour maternel qu'elle lui portait !

Il n'omit rien. Il dit tout. Il dit que, s'il ne lui parlait plus à elle, Calixte, de son père, la raison de son silence était cela ! que si, comme les autres prêtres des paroisses voisines, dans leurs chaires, il ne glorifiait pas, dans la sienne, le retour à Dieu de Sombreval, c'est qu'il avait peur de faire tomber un mensonge du haut de la chaire de vérité ! Il dit comme, depuis qu'il

doutait, il avait supplié Dieu de le délivrer de
ses doutes, de ses intolérables anxiétés ; —
qu'il avait prié à toute heure, tous les jours,
avec larmes, sans répit, sans soulagement, sans
interruption, et tant enfin que, craignant plus
la folie qu'un autre, lui, le fils d'une folle ! et
craignant encore plus que de devenir fou, d'être
le complice par son silence du sacrilège qui se
consommait, si vraiment il s'en consommait un,
il avait demandé à Dieu avec de telles ins-
tances, au saint sacrifice de la messe, de lui
envoyer un seul signe qui le tirât de cette torture ; que ce signe, Dieu, touché de la misère
de son serviteur, le lui avait dernièrement envoyé, — par trois fois, — et à chaque fois plus
visible, — et qu'à partir de ce moment il avait
été tenu de tout lui dire à elle ! et quoi qu'il pût
arriver ! Ah ! certes ! qu'il était désolé du mal
qu'il allait lui faire, mais qu'il la connaissait !
qu'elle lui pardonnerait ! et préférerait l'affreux
mal qu'elle souffrait déjà, sans doute, à l'igno-
rance où elle serait restée du sacrilège de Sombreval ! — de ce dernier crime, accompli par
amour pour elle ! et que seule au monde, avec
un homme comme Sombreval et un pareil
amour de père, elle était capable d'empêcher !

Il dit tout cela, le précipitant d'une voix ha-
chée par l'émotion ; pâle, tremblant dans ses
nerfs, mais ferme de volonté, craignant, à tout

instant, de la voir tomber à ses pieds, et prêt
à la recevoir dans ses bras comme sa fille qu'elle
était...

Mais elle ne tomba pas. Elle ne poussa pas
son cri, l'annonce effrayante de ses crises ! ce
cri qui perçait tout et que l'organisation, cette
bête ! poussait à l'approche de son vautour.

L'abbé surpris crut au miracle...

Elle était toujours debout... Mais aux premières paroles de l'abbé elle avait plongé son
visage dans ses mains, comme on ferait au
premier éclair qui brûle les yeux dans un orage.
Et pendant qu'il parlait, elle avait continué de
plonger plus avant, dans le creux de ses mains,
de presser un peu plus, de ses deux mains, sa
tête épouvantée, comme si elle eût vu la vérité,
l'accablante vérité se lever pour elle dans les
tendres et pathétiques paroles du prêtre !

Et quand il eut fini :

— O mon bien-aimé père ! — s'écria-t-elle
d'une voix comprimée, du fond de ses mains
qui pressaient frénétiquement son visage... Au
mouvement convulsif des épaules, l'abbé Méautis crut qu'elle pleurait et qu'elle voulait cacher ses larmes, et il se dit qu'il était bon
qu'elle pleurât... que la crise ne viendrait point..
ni la contraction, ni l'horrible rigidité .. ni les
autres symptômes... Mais la peur le prit avec
une main bien autrement froide que s'il l'avait

vue tomber roide morte à ses pieds, quand elle releva son front et qu'elle lui montra son visage en feu.

C'était un incendie ! Elle étouffait.

— Je ne puis pas pleurer ! fit-elle d'une voix rauque, strangulée par le sanglot, cette crampe du cœur dont elle avait le sein gonflé... prêt à se rompre... mais qui n'éclatait pas !

— Priez Dieu pour que je pleure ! reprit-elle, car je vais mourir... et il me faut le temps, le temps seulement de lui écrire : « Je me meurs. Reviens ! »

Et elle tomba affaissée sur le canapé, mais elle ne s'y renversa pas. Elle était droite encore. Elle se retenait à la vie. L'idée de sauver son père la faisait s'attacher au bord du gouffre ! Cependant elle sentait qu'elle mourait, et parce qu'elle le sentait et qu'elle avait dans le cerveau le tournoiement suprême, elle fit signe avec un geste fou de se hâter.

Il sonna les deux noirs, comme il eût sonné le tocsin. Ils accoururent.

— De l'eau bouillante pour mes pieds ! — fit-elle. Il me semble que je n'ai plus de pieds.

La tête commandait, la tête qu'elle allait perdre tout à l'heure ! L'abbé comprit... et qu'il fallait à tout prix rappeler aux pieds le sang de cette tête où il immergeait avec tant de furie.

— Oh ! mon pauvre ami en Dieu, lui dit-elle, hâtez-vous ! hâtez-vous ! donnez-moi tout ce qu'il faut pour lui écrire !

L'abbé, éperdu, roula devant elle une petite table qui se trouvait là. Il plaça dessus deux bougies qui éclairaient à peine ce vaste salon, dont les angles, trempés dans l'ombre, paraissaient plus grands à la lueur de ces deux maigres bougies solitaires.

— Je ne vois pas ce que j'écris ! — fit-elle avec effroi. O monsieur le curé, vous aussi, je ne vous vois plus ! Vous m'avez dessillé les yeux de l'âme. Dieu vient de m'ôter ceux du corps. Je suis aveugle...

Ce fut le curé qui s'écria. Il la regarda aux yeux, effaré ; à ces yeux tout grands qui avaient cette espèce de démence des yeux ouverts qui n'y voient plus !

— Oh ! donnez ! donnez ! fit-elle en agitant les mains dans les ténèbres... J'écrirai sans y voir... Il m'aime tant qu'il reconnaîtra bien ma main !

Mais, les mains étendues vers lui, elle roula la tête la première sur le canapé, sans connaissance ; — et cinq minutes après, les phénomènes cérébraux prenaient le plus alarmant des caractères.

L'eau bouillante qu'elle avait demandée ne rappela pas le sang des hautes régions où il était monté. Le curé Méautis partit à pied pour la bourgade voisine. Il alla lui-même chercher le médecin. Hors de lui de douleur, il s'en allait, par la nuit sombre, le long des chemins, en pleurant. Il pleurait sur la jeune fille qu'il avait peut-être tuée inutilement, car elle n'avait pas eu le temps d'écrire à son père ; et cet aveuglement subit, et cette perte de connaissance, et ce délire si promptement envahisseur, tout semblait faire pressentir au prêtre que la coupe de la colère divine était pleine, et qu'au tribunal de la Justice céleste Sombreval était condamné !

L'abbé ramena le docteur d'Ayre et ne se contenta pas de ce médecin sceptique. Il ramena aussi le docteur Hérault, qui avait déjà soigné Néel au Quesnay. La maladie de Calixte, très grave en elle-même, l'était d'autant plus que la jeune fille était déjà souffrante de la névrose de toute sa vie. Elle offrit bientôt le spectacle des symptômes les plus alarmants et les plus compliqués. Les médecins se trouvèrent placés dans l'entre-deux de deux médications contraires ; et cependant le mal marchait et le péril était si grand qu'il fallait agir et jouer cette dernière carte qu'à une certaine heure on joue au lit des malades, comme à la guerre. Calixte n'avait pas repris connaissance... L'abbé Méautis, dès qu'il avait dit sa messe et fini ses confessions à son église de Néhou, revenait s'établir au pied du lit de Calixte, guettant un moment de connaissance dans la jeune fille, pendant lequel elle pourrait écrire le mot qui devait arracher Sombreval à sa vie nouvelle et le rappeler au Quesnay, — et, si le péril s'accroissait, pensant lui-même à écrire à Sombreval pour le prévenir du mal et du danger de son enfant.

Une nuit qu'il y était, — car il passait la nuit, et il ne regagnait son presbytère que quand le jour commençait à poindre, — à ce mystérieux moment où les malades s'assoupissent, — une nuit, — c'était la troisième qu'il passait, il vit paraître Néel devant lui, tout à coup...

Parti le matin de Coutances, Néel avait, — comme nous l'avons vu, — voyagé tout le jour sous ce vent du sud-ouest, familier à la presqu'île et qui avait retardé sa marche. Avant de rentrer à Néhou, il avait passé devant la façade du Quesnay. L'heure était trop avancée pour qu'il songeât à y entrer, mais, quand il eut dépassé la tête de l'étang et qu'il se fut retourné, comme il faisait toujours, la main sur la croupe de son cheval, pour voir la maison où dormait *sa vie*, — celle-là qui ne dormait jamais dans son âme ! — il aperçut aux fenêtres du salon qui donnait sur l'étang une lueur...

qui lui coula au cœur une inquiétude. Une chouette, agacée peut-être par le sifflement des girouettes, virant sur leurs tringles de cuivre à ce vent qui soufflait, poussa son cri entre les hautes cheminées, et sembla avertir Néel qu'un malheur était là, sous ce toit morne qu'il regardait... On est si superstitieux quand on aime ! Il ramena la tête de son cheval et redescendit la pente qu'il avait commencé de monter... Il poussa la barrière de la grande cour avec précaution, et, ne voulant réveiller personne au Quesnay, si son pressentiment le trompait, il alla à la porte de l'étable, où les fils Herpin, qu'il héla, couchaient pêle-mêle avec leurs bœufs. Il apprit d'eux que *Mademoiselle était à la mort*, et que monsieur le curé la veillait... Pris d'une palpitation de cœur furieuse, il se précipita de cheval, attacha Foudre au vase de géranium où il l'attachait d'ordinaire et monta le perron, comme un homme vacillant du coup qui vient de le frapper...

La porte de cette maison, gardée par des superstitions plus fortes que des dogues, était ouverte, comme dans le jour, et il y pénétra jusqu'au salon, silencieux sous ses portières tombées, où il trouva l'abbé Méautis, veillant la malade, avec les deux noirs Ismène et Pépé. Du feu dans la grande cheminée, des lampes sous leurs abat-jour, des fioles débouchées, des linges étendus au dos des meubles, un bougeoir allumé derrière une porte, une cuvette où séchaient quelques palettes d'un sang noir, voilà tout d'abord ce qu'on apercevait dans ce salon où pesait cet air fiévreux, très perceptible pour Néel, qui avait, tout le jour, respiré l'air salin du voisinage de la mer.

L'abbé, qui vint à Néel dès qu'il le vit lever la portière, lui conta à voix basse que Calixte n'était pas malade de ses crises, mais d'une maladie dont le siège était au cerveau, et sur l'essence de laquelle les médecins n'étaient pas d'accord. Connaissant l'amour de Néel pour Calixte et la fougue de son caractère, le prudent curé ne lui parla pas, cette nuit-là, de la cause du mal de Calixte : il ne la lui dit que le lendemain.

A cette nouvelle, Néel bondit comme un jaguar sur le prêtre.

— Bourreau de Calixte ! s'écria-t-il.

Et il eut l'idée de le jeter par la fenêtre dans l'étang qui était au-dessous.

— Vous pouvez faire de moi ce que vous voudrez, — dit l'abbé qui n'opposa aucune résistance, qui ne se débattit même pas sous l'étreinte forcenée du jeune insensé, devenu féroce ; — je suis entre vos mains, monsieur, et je comprends votre colère. Hélas ! oui, c'est moi qui suis la cause de tout le mal que vous voyez, et j'en souffre presque autant que vous, mais il m'est pourtant impossible de m'en repentir !

Le calme, quand il est auguste, a toujours cassé les bras à la violence. Néel fut dompté par la douceur du prêtre. Ses mains qui l'étreignaient, tombèrent...

Alors, l'abbé lui raconta de point en point ce qui s'était passé depuis son absence. Néel, le fougueux Néel, écouta dans le dernier degré de la surprise et presque de l'effroi, de l'effroi qui tua en lui toute colère, le récit du curé, dont les révélations surnaturelles concordaient si bien avec ce qu'il savait, lui, Néel, et ce que dans le monde entier il savait seul !... Religieux comme il l'était, d'instinct et d'éducation maternelle, il admira comment, à l'heure même où il prenait l'engagement dans son cœur de partager le mensonge de Sombreval, Dieu, le maître des circonstances, rendait inutile cet engagement et le frappait de nullité. Il s'émerveilla de l'aspect providentiel qu'avaient subitement pris les choses... Il ne se crut plus obligé de garder avec ce prêtre, divinement informé, le secret de Sombreval, dont il était le dépositaire et qu'il avait gardé avec la Malgaigne. Il l'aurait gardé avec l'univers, mais il fut vaincu par cette main de Dieu, si visible.

— Monsieur, — répondit-il à l'abbé Méautis quand il eut reçu la confidence du prêtre, Dieu est certainement dans tout ceci. Même avec vous je me serais tu... et en me taisant j'aurais partagé le crime de cet homme, car, vous aviez raison, il ne croit ni à ce qu'il dit ni à ce qu'il fait dans ce moment. C'est un imposteur, et je le savais.

Et il rendit à l'abbé confidence pour confidence. Il se déchargea du poids qui l'accablait depuis si longtemps... Il sortit de cette sphère de mensonge qui l'étouffait. Il respira hors du masque dans lequel il était obligé de vivre, même auprès de Calixte... et qui sait? car l'homme se mêle toujours à tout... qui sait s'il ne brisa pas d'autant mieux ce masque, que cela ne lui rapportait rien de le porter... et que de la compression à laquelle il s'était condamné par amour pour elle, Calixte, la carmélite Calixte, ne devait jamais être le prix!

Ce n'était pas, en effet, le danger nouveau de Calixte Sombreval, cette mort présentement suspendue sur sa tête, qui faisait pressentir à Néel de Néhou qu'elle était perdue pour lui, — irrémissiblement perdue! Depuis longtemps il le savait.

Puisque la rentrée de Sombreval dans le sacerdoce n'avait rien changé à la résolution qu'elle avait prise de ratifier publiquement les vœux qu'elle avait secrètement prononcés, Néel n'avait plus l'illusion de la plus chétive espérance. Il l'aimait, comme ils disent qu'on ne peut pas aimer longtemps, les moralistes raccourcis! Il l'aimait sans espoir. Et il l'aimait tant, cependant, quoique sans espoir, que la maladie dont elle était la proie couvrit de la peur de la voir mourir tous les autres sentiments de son âme.

Oh! trembler pour la vie de ce qu'on aime, inquiétude suprême, terreur inouïe! Il savait, oui! qu'elle était perdue pour lui ; que les murs d'un couvent allaient bientôt le séparer d'elle tout autant que la pierre d'une tombe... N'importe! Il n'y a que la mort qui soit irrévocable! Les murs du couvent, au fond duquel elle allait s'engloutir, seraient chauds à baiser, tandis que la pierre d'une tombe est si froide!

Voilà ce qui serrait le cœur de Néel pendant cette maladie de Calixte, dont les progrès rapides comme de la flamme sur de la poudre n'épouvantaient pas que l'amour, mais la science elle-même... Les médecins qui soignaient la jeune fille étaient arrivés en peu d'heures à cet instant fatal dans les maladies où l'homme, battu par l'incompréhensible, se croise les bras et fait appel à la nature.

Ils le dirent à Néel et à l'abbé. Néel ne retournait plus le soir à Néhou, chez son père, où se trouvaient alors, pour y passer quelques jours, monsieur de Lieusaint et Bernardine, cette insupportable Bernardine qu'il haïssait presque maintenant. Hâve de douleur et à moitié fou, il ne quittait plus le chevet de la malade. De son côté, l'abbé Méautis y revenait aussitôt que ses devoirs journaliers de curé étaient accomplis.

Frappé de l'attitude inerte des médecins, voyant que le délire continuait et que la malade pouvait mourir d'un instant à l'autre sans avoir repris connaissance, ils eurent tous deux la même pensée, qui était d'écrire à Sombreval. Néel lui apprit dans une lettre, courte et haletante, ce qui se passait au Quesnay, — et comme la poste de ce temps-là n'avait pas la rapidité de celle d'aujourd'hui, il fit monter à cheval son vieux Bellet et l'envoya par la traverse.

Mais le mal marcha plus vite au Quesnay que l'émissaire de Néel dans ces routes perdues... Le matin même que partit l'ancien postillon, le docteur Hérault avait constaté l'apparition de symptômes nouveaux, signes infaillibles d'une mort prochaine, — dit-il au curé. — Combien de temps encore la malade résisterait-elle ?... Il ne le savait pas, mais, selon lui, si une crise ne se déclarait pas toute-puissante, — de minute en minute l'épanchement au cerveau pouvait commencer !

XXVIII

u cas où les prévisions du docteur se réaliseraient, Calixte mourrait sans reprendre connaissance, comme l'abbé et Néel le craignaient... et pour Néel, c'était là une douleur de plus! Ah! son cœur à lui, débordait! Il était parti pour Coutances, irrité, contre Calixte; et quand il en revenait apaisé par l'absence qui lui avait prouvé à quel point son pauvre cœur avait besoin d'elle et de l'intimité avec elle, voilà qu'il ne la retrouvait plus, car cette tête en délire, ces yeux égarés par la fièvre, ces gestes incohérents, tout cet être terrassé et défiguré, gisant là, sur ce lit

défait, ce n'était plus Calixte ; c'était une dérision de la Calixte qu'il aimait, une atroce dérision de la vie !

L'idée qu'il ne verrait plus le regard adoré s'arrêter sur lui, encore une fois, avec sa douceur infinie et son intelligent rayon ; qu'il n'entendrait pas de cette bouche sans sourire et que la mort allait fermer le dernier adieu, le dernier mot de tendresse sur lequel on peut vivre encore quand on l'a entendu ; que cette main qui n'était plus que le siège de mouvements involontaires ne presserait plus, avant de se glacer, sa main de l'étreinte fraternelle qui ne lui avait pas suffi pendant qu'elle vivait, cette idée était plus pour lui que la mort même de Calixte ! C'était l'inconsolable regret d'avoir vécu ces derniers jours de sa vie loin d'elle et de n'avoir pas eu, de n'avoir pas dévoré ces malheureux derniers jours !

Il la pleurait déjà dans le passé comme il la pleurait dans l'avenir, et il rugissait de sanglots. Toute grande douleur a toujours commencé par démoraliser l'homme qu'elle frappe. Saisi par l'idée religieuse, Néel avait fini par accepter sans récrimination et sans reproche la conduite de l'abbé Méautis, qui le délivrait d'un mensonge. Mais, quand le danger fut devenu imminent pour Calixte, la nature humaine se retourna, et Néel sentit pousser et grandir dans son cœur contre l'abbé une horrible fureur de haine qui tout à coup séchait ses larmes et qui le rendait impie et sauvage.

Lorsqu'il pensait qu'après tout c'était ce prêtre qui lui avait tué sa Calixte, il était tenté de se jeter sur lui comme la première fois et de le déchirer, et il n'était désarmé que par les larmes de l'abbé, presque aussi malheureux qu'il l'était lui-même, malgré la confiance qu'un prêtre si saint devait avoir en Dieu et dans la prière.

Hélas! l'abbé Méautis avait eu recours à cette prière avec plus de flamme que d'apaisement. Il ne s'était pas contenté de prier lui-même : il avait voulu que sa chère pénitente Calixte pût profiter de cette grande communion de la prière, instituée par celui qui a dit : « Lorsque plusieurs d'entre vous seront rassemblés en mon nom, je serai au milieu d'eux. » Comme curé de Néhou, il avait recommandé au prône sa paroissienne, la mourante du Quesnay. Il avait pour elle prescrit les prières publiques des Quarante Heures, comme on fait dans les jours de fléau, pendant une inondation ou un incendie.

« Ce serait, en effet, chrétiens, un fléau pour
« vous, dit-il en chaire, si elle mourrait, cette
« sœur que vous avez si longtemps calomniée
« et qui nourrissait tous les pauvres de la con-

« trée par ces mains que voilà, — par les mains
« du pasteur qui savait seul le secret sublime
« de l'humilité de ses vertus ! Vous ne saurez
« que quand elle ne sera plus, mes frères, jus-
« qu'où allait sa charité pour vous, si durs et
« si injustes pour elle !... »

De telles paroles, dites avec un visage abîmé
de larmes, par ce curé révéré auquel on croyait
comme à Dieu, faisaient leur trouée dans le
cœur électrique de ces foules, et l'église ne
désemplissait pas. Des gens de Néhou et de
Monroc, qui, sans cela, n'eussent jamais pensé
à entrer dans la cour du Quesnay, de cette
maison de l'ancien *maudit* (ils disaient déjà
l'*ancien maudit !*) qui ne l'avait pas si bien été
qu'il ne fût revenu à repentance, vinrent en
grand nombre frapper à cette porte abandonnée,
où l'on ne voyait plus même les pauvres, et
demander avec intérêt aux deux sinistres *faces
de crêpe : comment la Demoiselle allait?*...

Mais les réponses étaient funèbres...... Le
danger croissait à chaque instant. Les docteurs
d'Ayre et Hérault se relayaient au Quesnay,
mais ils étaient à bout d'expériences et de re-
mèdes. Ils étaient vaincus par le mal. Dès sa
première invasion, ils avaient pratiqué à di-
verses reprises, et toujours sans succès, des
saignées profondes où le sang avait peu coulé,
et ils interrogeaient vainement ce pouls en

désordre, qui ne leur répondait plus rien dont ils pussent tirer une prévision.

Ils regardaient d'un œil stupéfié ce visage noir sous l'afflux du sang qui y était monté et qui avait produit cette cécité subite dont l'abbé Méautis avait eu l'épouvante ; et près d'eux, Néel et l'abbé, qui pensaient au père, en contemplant l'état désespéré de l'enfant, se disaient : « Quand le père arrivera, il sera trop tard ! » et la croyaient à l'agonie.

Elle y était, en effet... Mais, comme tout devait être extraordinaire dans la destinée de cette fille extraordinaire, il éclata tout à coup un de ces rares phénomènes comme la médecine en constate de loin en loin dans ses annales, sans pouvoir jamais les expliquer, et qui fut la cause d'un de ces spectacles qui ne sortent plus du souvenir de ceux qui y assistent et leur font après, dans la vie, trouver tout évènement insignifiant...

A cet instant formidable que le docteur Hérault avait assigné à l'infiltration du cerveau, le sang, si rebelle à tout jusque-là, abandonna, comme une mer furieuse qui reflue, la face tuméfiée de Calixte, dont les traits, aussi purs que ceux d'un camée, avaient disparu déjà... disparu avant que la planche du cercueil fût sur elle ! et par une de ces mystérieuses réactions, magie cachée de l'organisation humaine !

la face, les tempes, la gorge, injectées, se dégagèrent et passèrent sans transition — en deux éclairs ! — du pourpre violacé au pourpre vif, du pourpre vif à la pâleur ordinaire à cette tête si pâle ! Les yeux dégonflés s'ouvrirent... Ils avaient encore l'éclat de la fièvre, mais du moins ils avaient le regard qui disait qu'ils avaient recouvré la vue !

— Elle y revoit ! s'écria l'abbé Méautis, sur qui tomba ce premier regard.

Et c'était vrai, elle y voyait ! Et à mesure que le regard lui revenait, le cerveau, délivré du sang qui avait failli l'emplir comme une éponge, le cerveau reprenait peu à peu la connaissance et la mémoire, et l'idée de son père, — cette idée qui l'avait frappée de cette espèce d'apoplexie, fut la première par laquelle se remontra l'intelligence !

— Mon père ! fit-elle d'une voix violente et faible...

— Votre père, dit l'abbé, ô chère Calixte que Dieu nous renvoie ! il va venir. Monsieur de Néhou lui a écrit pour vous que nous croyions mourante et qu'il retrouvera ressuscitée.

— Ah ! fit-elle, reconnaissant Néel à son tour. Vous êtes donc revenu, Néel !

Et elle lui tendit la main avec ce sourire qu'il ne croyait plus jamais revoir, et qui lui ouvrit le ciel, quoiqu'il fût, ce sourire, d'une navrante mélancolie. Néel tomba à genoux auprès du lit, tenant cette main qui sentit ses baisers et qui se retira doucement de dessous ces lèvres brûlantes...

— Vous l'avez vu? parlez-moi de lui! — fit-elle avec des yeux avides.

— Mais non! plutôt, ne m'en parlez pas! ajouta-t-elle en se reprenant, comme si elle eût deviné ce qu'il allait dire. Est-ce que je ne sais pas tout?...

Et elle se tut aussi... Elle leva au ciel des yeux où se peignaient l'amour et l'admiration pour son père, mêlés à une indicible horreur, et deux larmes, — seulement, — coulèrent en silence sur son visage, redevenu pâle et beau.

..... Était-elle sauvée? comme l'avait dit l'abbé dans sa joie. Le docteur, attentif à ce que ne voyaient pas les autres, avait tristement et imperceptiblement hoché la tête au mot de l'abbé Méautis. — S'il n'y avait eu qu'une maladie (dit-il plus tard), peut-être eût-elle été sauvée par cette réaction aussi foudroyante que l'avait été l'invasion du mal et qui l'avait si rapidement déplacé! Mais il y en avait deux.

Sous l'effroyable désordre sanguin causé par la violence d'une émotion, et probablement dans un de ces moments où les jeunes filles sont plus exposées à des révolutions soudaines, il y avait, permanente et tenace, la névrose indomptable à tout, cette névrose de toute sa vie dont la cause était encore plus dans le moral de la malade que dans son physique. Or, quand le premier mal cessait, le second se retrouvait, et avec une action d'autant plus funeste sur l'organisme de la jeune fille, que cet organisme était épuisé par les souffrances de toute sa vie, et que le mieux qu'elle avait éprouvé depuis le départ de Sombreval créait le danger d'une rechute.

— Nous ne sommes que les médecins du corps, — dit le docteur Hérault, — et cette enfant est malade d'une idée, — et vous savez mieux que moi, — ajouta-t-il, — de quelle idée elle est malade, monsieur le curé?

Il le savait, en effet, mieux que le docteur, et il voyait que cette idée dans la malheureuse éteignait tout espoir du mieux auquel il avait cru d'abord. D'ailleurs l'état de Calixte eût révélé à de plus ignorants que lui et que Néel la présence d'un mal qui changeait de forme comme un Protée.

Après une heure de prostration dans laquelle Calixte resta comme abîmée, ses souffrances nerveuses, qui pouvaient s'assoupir, mais dont le principe était toujours en elle, se réveillèrent comme des tigresses endormies et la rejetèrent dans la vie intense des sensations. Chaque cheveu de cette belle tête blonde devint une aiguille de douleur. De profonds tressaillements secouèrent à le briser ce corps fragile. Ses yeux, qui se cernèrent d'un cercle noir, semblèrent se creuser sous leurs arcades sourcilières et remonter vers le cerveau, signe effrayant qui fit frissonner Néel, car c'était le signe précurseur de ces attaques qui ressemblaient à de l'épilepsie et qui finissaient toujours par la contraction et la rigidité.

Elle avait encore sa voix, mais elle se creusait comme ses yeux.

— Vous m'avez donc cru sauvée? cher abbé, dit-elle, — et vous aussi, Néel, vous l'avez cru? Mais vous ne le croyez pas, vous, docteur, n'est-ce pas? et moi, je sens que je suis morte. Je le sens à la source même de mon être... O mon pauvre abbé! c'est votre terrible révélation qui m'a tuée, mais soyez béni pour ce mal salutaire. Il ne s'agissait pas de moi, mais de *lui;* mais d'empêcher à tout prix ce qu'*il voulait faire !*

Ah! empêchez cela, au prix de ma vie, et je mourrai heureuse! Il m'aime tant, allez! qu'il m'accordera tout ce que je lui demanderai, cet adorable père qui voulait me donner son éternité! Oui, monsieur le curé, je suis bien tranquille. Je suis sûre de lui. Cet horrible sacrifice qu'il voulait faire à son enfant ne s'accomplira pas. Et pourquoi s'accomplirait-il, puisque je serai morte, — ajouta-t-elle profondément comme si elle se fût resorbée en elle-même, — et qu'il ne le faisait que pour moi?

Néel et l'abbé avaient le cœur transpercé de ces paroles, mais ils sentaient, pendant qu'elle les disait, se couler dans leur âme le froid de la conviction qu'elle mourrait comme elle l'assurait avec une si poignante certitude, et ils n'osèrent la détromper, lui répondre : Non! qu'elle ne mourrait pas!... Elle demanda anxieusement l'heure; et à Néel, combien il avait mis de temps à revenir de Coutances?

— Je suis sûr de mon vieux Jean Bellet comme de moi-même, dit Néel. Ce soir il sera à Coutances. Ils peuvent être ici dans deux jours.

— Mais vivrai-je deux jours! — s'écria-t-elle avec angoisse. Vivrai-je encore deux jours, docteur? Me cautionnerez-vous bien deux jours, — dites? Priez, mon ami, fit-elle en se tournant vers le prêtre, — priez pour que je ne meure pas avant d'avoir revu mon père et pour que je vive encore ces deux jours !

Un sanglot qui venait du pied du lit lui fit tourner les yeux vers Néel, qui la regardait dans une espèce d'extase de douleur.

— Pauvre Néel, vous m'aimiez bien, dit-elle,

Cette manière de mettre tout au passé était navrante, et ce mot acheva de faire éclater Néel en sanglots. — Dans l'immersion des douleurs de la vie, un simple mot, comme la dernière goutte d'un verre plein, fait tout déborder.

— Vous m'aimiez... oui... trop peut-être. Ah! oui, trop, reprit-elle. Et ce n'est pas changé, n'est-ce pas? vous m'aimez encore...

Pour toute réponse, il la regarda d'un de ces regards qui étreignent l'âme comme les bras étreindraient le corps...

— Oh! je le crois! — reprit-elle. Puis après un silence : Eh bien! si vous m'aimez, cher Néel, que je ne vous sois pas importune ! — dit-elle avec cette grâce humble qui, dans la femme aimée, est la plus grande des toutes-puissances. Voici le moment venu de me le prouver.

Néel, qui devina, sentit la colère passer sous ses larmes. La veine de son front devint d'un bleu livide.

— Revoilà mon violent! — fit-elle en souriant, — mais venez près de moi et mettez-vous là où vous étiez tout à l'heure... — Et il s'agenouilla, au bord du lit, sur le tapis.

Elle lui posa la main sur le front comme une mère l'eût fait à son enfant.

— O mon cher Néel! reprit-elle, mon unique

ami après mon père ! ô mon frère d'élection
vous ne feriez donc pas ce que vous de-
manderait votre sœur, votre Calixte qui va
mourir !

La musique de cette voix où la séduction de
la femme se mêlait au charme sans égal de la
sainte tordait les nerfs de Néel, — et la vo-
lupté d'avoir cette main magnétique sur les
cheveux apaisait la tempête de son âme, comme
la main du Christ, étendue, apaisait les flots
soulevés du lac où ses disciples croyaient
périr !

— Ah ! dit-il, attendri et enivré en même
temps, ne suis-je pas à vous, Calixte ? Mais
vous le savez, si vous mourez... je dois mourir !

— Non ! répondit-elle, il faut que vous vi-
viez... Je le veux. Nous avons eu tort d'écouter la Malgaigne et de croire à ses superstitions. Nous étions des enfants. L'Église défend
ces choses... N'est-ce pas, monsieur le curé ?...
Vous vivrez donc, Néel, pour faire ma volonté
et celle de votre père, qui n'a que vous, et qui
vous a fiancé à une noble fille qui vous aime...

Il releva la tête sous la main toute-puis
sante, comme un cheval de race qui aurait
secoué sa gourmette.

— Vous vivrez enfin pour mon père aussi, à
moi... continua-t-elle, pour mon père qui n'aura
que vous, quand je serai morte. Le Sauveur,

du haut de sa croix, n'a-t-il pas légué sa divine Mère au disciple qui l'aimait le plus ?... moi, je vous lègue mon père. Vous ne pouvez pas refuser de prendre un tel legs !

— Oh ! votre père, — fit Néel, c'est presque le mien ! Et il l'aurait été tout à fait si vous l'aviez voulu, Calixte. Tant que j'aurai un souffle, ce sera pour votre père ! Mais ne me parlez pas de Bernardine...

Il s'arrêta, voyant le mal qu'il lui faisait.

— Ainsi, reprit-elle avec une douceur déchirante, je souffre et je vais mourir, mais je ne souffre pas assez encore, et vous allez empoisonner les derniers moments de ma vie. Écoutez, Néel : si vous n'épousez pas mademoiselle de Lieusaint, vous me ferez la plus grande peine que je puisse éprouver après celle qui m'a tuée, et je vous devrai un remords. En vous laissant vivre près de moi, j'aurai détruit le bonheur d'une jeune fille qui vous était fiancée, et qui mourra du mal que je lui aurai fait. J'aurai flétri à tout jamais l'espoir de la vieillesse de son père et du vôtre.

Trois malédictions seront sur moi et sur ma mémoire. Eh bien, je vous demande de m'ôter ce poids qui m'oppresse le cœur à l'instant suprême où le cœur va cesser de battre, et où mon âme doit paraître, pure de tout reproche, devant la justice de son Dieu ; et vous, mon ami et mon frère, vous repoussez ma prière! Vous ne voulez pas avoir cette pitié pour moi, cette dernière pitié!

Elle aurait amolli l'acier en parlant de la sorte, et le cœur de Néel se fondit.

— Calixte, — fit-il vaincu, je me suis voué à vous. Je me suis donné à vous. Je vous appartiens. Vous pouvez m'envoyer au martyre. N'est-ce pas votre sainte Thérèse, — ajouta-t-il, — qui a dit qu'elle aimerait Dieu jusque dans l'enfer? C'est de là à présent que je vais vous aimer!

— Non! dit-elle vivement, il n'y a plus d'enfer quand on aime, et l'idée du bien que vous m'aurez fait à l'heure de la mort, ô mon Néel dévoué! si je vous reste chère, vous sera peut-être un paradis!

Il ne répondit pas. Il l'aimait trop pour la croire, mais il pensait à la grande Malgaigne et au soldat blanc de la *Lande-au-Rompu,* à qui elle avait dit le sort. Il pensait qu'elle lui avait dit aussi le *sien,* et qu'il était écrit... là où se font les destinées... que Calixte morte, il mourrait...

— Qu'importe que j'épouse Bernardine, — pensait-il pendant que Calixte le croyait résigné pour elle à ce sacrifice, — puisque je suis sûr de mourir! — Et l'idée d'attacher un dernier sourire à ces lèvres charmantes, en lui accordant ce qu'elle demandait, l'enivrait déjà, et il était prêt à tendre — tout de suite — la main de l'époux à cette fille haïe, si Calixte l'exigeait.

Et précisément elle l'exigea. Quoiqu'elle crût absolument à la loyauté de Néel, elle voulut le lier pourtant par plus d'une promesse. Elle voulut voir par ses yeux le bonheur qu'elle allait donner à Bernardine pour tout le mal qu'elle lui avait fait, et elle pria l'abbé Méautis d'aller au château de Néhou pour en amener les habitants au Quesnay. « Ils viendront, dit-il. On ne refuse rien à une mourante. » Elle prit même l'abbé Méautis à part et lui dit des choses que Néel n'entendit point. L'abbé partit. Il revint au bout de quelques heures, et il annonça que le vicomte Ephrem et les Lieusaint allaient arriver.

XXIX

ERNARDINE DE LIEUSAINT, qui avait la fierté de la jalousie par-dessus son autre fierté, avait été, des trois habitants de Néhou, la plus difficile à décider. Elle répugnait à devoir son bonheur à Calixte, à celle qui depuis si longtemps la faisait souffrir! Et encore quel bonheur! Calixte lui donnerait Néel, mais ne lui rendrait pas le cœur de Néel. Elle l'emporterait dans la tombe, et elle, Bernardine, garderait sa jalousie, car la mort de la rivale aimée ne guérit pas de la jalousie.

Sentiment songe-creux pour lequel tout rêve est une réalité; furie aux chimères, qui tire de ses propres flancs les serpents qui les lui dévorent, la jalousie s'exaspère mieux contre un fantôme, qui lui échappe toujours, que contre un être vivant qui est là et qu'elle peut déchirer. On ne déchire pas plus un fantôme exécré qu'on n'embrasse un fantôme adoré, et voilà le supplice ! Au moins, on en finit avec la vie, on n'en finit pas avec la mort ! Bernardine devinait cela. Et tel fut le motif de sa résistance à descendre au Quesnay.

Mais son père et le vicomte Ephrem, qui ne croyaient guère aux sentiments éternels et qui trouvaient que la générosité de Calixte arrangeait leurs projets de famille, firent valoir cette générosité à Bernardine, et l'entraînèrent par là, elle qui était généreuse !

— Compère, — disait le vieil Ephrem à M. de Lieusaint en s'asseyant dans son char-à-bancs — hé ! hé ! avais-je tort d'avoir de la sympathie pour cette *petite du Quesnay ?*

Langage de son temps, au vicomte, impertinemment familier, qui faisait blanchir les lèvres de Néel, quand son père l'avait en parlant de Calixte, et que le vicomte aurait eu avec la sainte Vierge elle-même, si elle n'eût pas été de qualité et qu'il l'eût connue à dix-huit ans.

Cependant, tout léger qu'il fût, ce qu'il trouva dans le grand salon du Quesnay, transformé en chambre de malade, fut un spectacle à l'unisson duquel se mit immédiatement l'âme de ce hobereau qui, après tout, était l'âme d'un homme ! Calixte était dans ce même lit vert à la Louis XIV où le vicomte avait vu déjà étendu son fils Néel. Néel était toujours à genoux au chevet de ce lit... Et c'était Calixte qui le consolait. Elle lui essuyait les yeux avec son mouchoir... Sa tête, élevée sur des oreillers moins blancs qu'elle, avait une telle expression de douleur surmontée et de pitié pure ; elle était si noble et si chaste en essuyant les yeux de ce beau jeune homme à genoux, que les deux vieillards du dix-huitième siècle ne se jetèrent pas le mauvais regard de leur temps !

D'ailleurs, une mort, — une mort certaine, — avait mis sa griffe sur ces traits, dont rien ne pouvait détruire la beauté. A deux ou trois dépressions dans cet adorable angle facial, au *rétracté* de ces narines dont la ligne exquise se creusait, comme si le statuaire divin qui les avait sculptées eût trop appuyé son ciseau, on sentait que la mort avait déjà plombé pour le cercueil cette tête qu'elle devait emporter ! Les cheveux de Calixte, d'un blond qui n'était pas humain, fils conducteurs de ces douleurs sans nom qui lui dardaient jusqu'au fond du cerveau leurs brûlants aiguillons, s'étaient hérissés sur son front, dont ils découvraient les sept pointes, par le fait de ces douleurs qui devaient amener fatalement la mort ou la folie.

N'ayant plus là son père, elle avait ôté de son front ce bandeau qu'on y voyait toujours, et le signe dont elle était marquée apparaissait, auguste et effrayant, sur ce front pâle, comme la croix rouge sur la cotte blanche du Templier. Placée comme elle était dans son lit, on voyait sur sa poitrine, et par-dessus la batiste strictement fermée qui gardait son sein comme une guimpe, son scapulaire de carmélite qu'elle ne pensait plus à cacher. A elle seule, Calixte était tout un spectacle, un spectacle étonnant et formidable, mais touchant aussi, touchant jusqu'aux larmes, car la jeune fille, la simple jeune fille, dans sa grâce incomparable, adoucissait en elle ce que la Beauté, l'Intelligence et la Sainteté y avaient, toute sa vie, versé de pathétique et de grandiose !

— Monsieur le vicomte et monsieur de Lieusaint, — dit-elle aux deux vieillards avec cette suprême aisance qui faisait toujours l'étonnement de ceux qui ne savent pas quel air de reine du monde donne la solitude, quand une femme y vit avec Dieu, — vous pardonnerez bien à une mourante le petit dérangement qu'elle vous cause, et j'espère que vous ne le regretterez pas... Vous avez plusieurs fois déjà daigné être mes hôtes au Quesnay. Je vous remercie d'avoir bien voulu l'être encore.

Alors vous veniez pour votre fils, monsieur de Néhou : eh bien ! c'est pour votre fils qu'encore aujourd'hui vous serez venu. J'aime tant mon père, — fit-elle en jetant aux deux vieillards un regard qui leur alla jusqu'au fond du cœur, — j'aime tant mon père, qu'il me semble qu'il y a un peu de mon père dans tous les pères, et voilà pourquoi je vous ai désirés ici tous les deux.

Elle s'arrêta. Parler la faisait souffrir davantage. Le curé Méautis lui en fit l'observation.

— Il faut que je me hâte, abbé, — répondit-elle. Qui sait si dans une heure je pourrai parler !

Oui, reprit-elle avec effort, je vous ai désirés tous les deux... et mademoiselle Bernardine aussi... parce que j'ai à remplir un devoir envers vous tous, envers tous les trois... Regardez ce pauvre Néel, monsieur de Néhou ! Il ne s'agit plus ici de réserves pusillanimes, il ne s'agit plus de pudeurs humaines, quand on va paraître dans quelques heures devant son Dieu. Je puis bien dire maintenant, monsieur le vicomte, qu'il m'a aimée, votre fils Néel... — Et la dernière vapeur rose qui devait monter à sa joue y monta.

— Oui, il m'a bien aimée, reprit-elle, et peut-être l'aurais-je aimé comme il m'a aimée, si j'avais été la fille d'un autre père, mais moi qui ai toujours porté sur mon cœur le crime du mien et sa honte, je ne pouvais aimer que comme un frère l'homme assez hardi pour m'aimer comme aime un époux. C'est ainsi que j'ai aimé votre fils, monsieur le vicomte. Je sais bien que, si j'avais été plus forte, j'aurais dû m'interdire aussi ce sentiment fraternel dont mon faible cœur n'a pu se défendre. Je ne l'ai pas pu, et c'est là ma faute! Que Dieu me la pardonne! mais il m'est bien difficile encore de m'en repentir aujourd'hui!

Elle s'arrêta de nouveau. Tous ils étaient touchés par la sincérité de cette âme qui faisait sa confession à haute voix.

— Je sais bien, continua-t-elle, que vous me pardonnerez cette faiblesse, vous le père de Néel! Vous me pardonnerez d'avoir aimé votre fils comme un frère, de n'avoir pas pu me défendre de cette amitié que j'aurais dû, moi, la fille... d'un homme si coupable, interdire à mon pauvre cœur. Je n'ai pu résister à cela. Je n'avais que mon père à aimer. Ma vie était cerclée par le plus affreux des déserts, par la plus morne des solitudes.

Néel les a traversées pour moi. Il est venu à moi presque malgré lui, car dans les commencements il était comme les autres, il nous méprisait! Et il s'est pris d'amour pour la fille dont personne, — personne au monde, — n'aurait voulu. Ah ! les chevaliers se reconnaissent toujours ! Il y avait de la chevalerie dans cet amour de Néel pour moi, fille de paysan et de prêtre. Seulement, si je l'avais valu, je l'aurais fui... Si j'avais été son égale de cœur, je lui aurais dit : « Ne revenez plus au Quesnay, Néel ! » Je ne l'ai pas fait, et c'est ma faute ! et je suis d'autant plus coupable que je savais qu'il était lié à une autre par sa parole et qu'il ne s'appartenait plus !

Les deux gentilshommes étaient conquis par cette noblesse dans laquelle il y avait plus beau que la noblesse même, puisqu'il y avait l'humilité !

— Et cette autre que j'ai offensée, fit Calixte après une seconde pause, c'est vous, mademoiselle Bernardine ! Je vous ai offensée sans le vouloir et en n'y pensant pas, mais ce n'en est pas moins une faute ! La légèreté de l'esprit n'excuse rien, et peut-être aggrave-t-elle nos torts. O vous que j'ai tant fait souffrir, pourrez-vous me pardonner les miens ? Ah ! voyez-moi à leur lumière ! Je ne veux pas les atténuer. Je ne veux pas vous paraître moins coupable que je le suis.

Non, je n'ignorais pas que vous étiez la fiancée de Néel. Je vous avais vue au Quesnay et j'avais bien deviné que vous l'aimiez, et que vous ne l'aimiez pas, vous, seulement comme un frère. Pas d'excuse donc pour moi qui ne l'aimais pas de la même affection que vous, si je le retenais auprès de moi quand vous étiez si malheureuse de l'y savoir! C'est pourtant là ce que j'ai fait. Il venait au Quesnay tous les jours. Il enveloppait ma vie dans la sienne, et je trouvais cela doux. Je l'ai laissé m'aimer, mais il ne le fallait pas... Et dans ce délire d'amitié dont j'aurais dû me défier davantage, j'oubliais qu'il y avait un cœur plein de Néel, un cœur qu'il délaissait pour moi et qui souffrait...

Il m'a fallu vous rencontrer, vous savez bien! dans les landelles, le jour où vous reveniez de la chasse, pour me rappeler que vous l'aimiez. Votre visage me dit tout. Je fus bouleversée. Oh! depuis je n'ai pu oublier qu'il y avait une Bernardine dont je brisais inconsidérément la vie. A dater de ce moment, j'eus soif de réparer mes torts envers vous, mademoiselle, mais des torts se réparent-ils jamais! On se repent, mais le mal qu'on a commis est irrévocable.

Je ne puis pas faire que vous n'ayiez souffert par moi, mais je puis me repentir et je me repens. Oh! croyez que je me repens!... Je vais mourir. Demain, qui sait? peut-être ce soir, je serai morte. Mais vous me direz avant que je meure, que vous m'avez pardonné! Demandez-lui, à Néel, si, depuis le jour des landelles, je ne l'ai pas supplié de vous revenir et de vous aimer comme vous méritez d'être aimée, si je ne l'ai pas conjuré de vous prendre pour femme et de m'oublier! Non pas de m'oublier! — reprit-elle avec un mouvement de candeur qui la rendit encore plus touchante, — mais de ne se souvenir de moi qu'avec vous, lorsque vous serez sa femme et que moi, je ne serai plus. Il me l'a promis, n'est-ce pas, Néel?... Oh! mon cher Néel, dites-lui que vous l'avez promis! Priez-la avec moi de me pardonner!

Bernardine, pour toute réponse, se jeta sur elle et l'étreignit sur son cœur.

— O Calixte! — lui dit-elle, les yeux tout en larmes, vous que j'ai si longtemps haïe, c'est à vous bien plutôt de me pardonner!

Calixte lui passa les bras autour du cou et l'embrassa sur le front.

— Votre main, — fit-elle, — et vous, Néel, aussi, donnez-moi votre main.

Et elle les leur mit l'une dans l'autre avec les deux siennes.

— Laissez-moi vous marier, leur dit-elle, comme inspirée et comme ranimée par un de ces désirs qui viennent parfois aux mourants, — laissez-moi, avant de mourir, être le témoin de ce mariage qui sera peut-être mon meilleur mérite devant Dieu. Chère Bernardine, et vous, Néel, mon frère, que je sois, pendant le peu de temps qu'il me reste à vivre, votre sœur devant Dieu, à tous les deux !

Il y avait en elle quelque chose de si tendrement impérieux qu'elle était irrésistible. Le vieux Ephrem, le vieux Bernard, étaient, autant que leurs enfants, subjugués par elle. On aurait dit qu'elle les entraînait dans le torrent de sentiments dont elle était la source et qu'elle devenait leur volonté, à eux tous, excepté l'abbé Méautis. Le prêtre, qui s'appuie aux choses éternelles, est plus haut que tous les entraînements du cœur. Au regard qu'elle avait jeté à l'abbé, elle avait vu que ce qu'elle voulait était impossible. Il avait compris.

— L'Église, — dit-il gravement, — a entouré le sacrement du mariage de prescriptions qu'il est ordonné aux prêtres de respecter... Mais le prêtre — ajouta-t-il dans une intention de pitié profonde pour le désir de cette fille sublime qui se mourait — peut toujours entendre la promesse de s'unir que se font deux âmes chrétiennes, et la bénir !

Et comme il était venu pour faire communier Calixte, il sortit et rentra en surplis et en étole.

L'heure de la journée était trop avancée pour qu'il pût dire la messe, cet office sur lequel viennent s'appuyer comme un magnifique soubassement toutes les autres cérémonies de la liturgie catholique, et qu'on dit également pour les vivants, pour les souffrants et pour les morts. Mais, si cette grande consécration manqua à cette union hâtive, jurée dans une chambre de malade à trois pas d'un lit d'agonie, cette union, image d'un mariage qui eut lieu plus tard et qui en était la promesse, se parfuma encore de ces quelques fleurs de poésie que l'Église fait fleurir partout... L'abbé Méautis, qui avait ramené, en revenant de Néhou, l'enfant de chœur de sa chapelle, figura, aidé de cet enfant, un autel sur l'une des consoles. Il y mit un crucifix d'argent et deux flambeaux avec leurs cierges, entre lesquels il déposa le saint Ciboire apporté pour Calixte. Ce ciboire, qui faisait entrer Dieu dans cet appartement profane, le transfigura en église pour les âmes croyantes, à divers degrés, qui s'y trouvaient, et les pénétra du respect, mêlé de terreur, qu'on éprouve dans la maison de Dieu.

Debout entre l'autel et le lit de Calixte, l'abbé reçut la promesse de Néel et de Bernardine de s'épouser. Néel la fit avec un cœur brisé, et Bernardine avec un cœur triste, un cœur qui pressentait l'avenir ! En attendant l'anneau consacré, Calixte coupa une des boucles de ses cheveux d'or, et l'ayant nouée en forme de bague, elle en fit une espèce d'*alliance* que Néel, en l'enviant, passa au doigt de Bernardine. La circonstance était exceptionnelle, tout fut exceptionnel comme elle. On eût dit un mariage de ces temps peu éloignés encore où l'on se mariait en toute hâte et en cachette entre la persécution et l'échafaud.

Bernardine était montée en char-à-bancs avec la robe de taffetas gris qu'elle portait et dans laquelle l'abbé Méautis l'avait trouvée quand il était venu chercher les habitants de la tourelle de Néhou. Elle n'avait pris que le temps de jeter sur cette robe une pelisse. Ainsi vêtue pendant qu'on les bénissait, elle avait plutôt l'air d'une veuve que d'une jeune fille ; et les superstitieux, qui sont parfois les intuitifs, en auraient tiré un présage.

Spectacle étrange et imposant que ces fiançailles devant la mort, mais qui fut surpassé par la communion de Calixte ! Broyée de ces douleurs inouïes, familières aux grandes extatiques, Calixte, si étonnante déjà, devint pour le vicomte et son compère *ce qu'ils n'avaient jamais vu* et ce que, jusqu'à leur mort, venue longtemps après, ils ne *cessèrent de revoir*, quand, par hasard, ils fermaient les yeux... A l'approche de l'hostie, dans laquelle peut-être elle apercevait, comme sainte Thérèse, Jésus-Christ sous la forme visible et saignante de sa passion, il n'y eut plus là de jeune fille expirante, mais un être humain que la Sainteté divinisait.

Le visage de Calixte devint positivement céleste. Ses yeux agrandis jetèrent une lumière inconnue. Ses cheveux rayonnèrent comme une auréole. La croix de son front étincela, et sa pâleur, diaphane comme l'éther, et comme si son âme, de par dedans, l'avait éclairée, transsuda de vagues effluves d'or... Son corps fulgura tout entier... vision prodigieuse! qui ne pouvait durer et qui changea pour un instant les conditions ordinaires du corps, de la lumière et de l'espace! Bernard de Lieusaint et le vicomte de Néhou virent alors (ont-ils affirmé) ce qu'ils avaient entendu dire, presque sans le croire, de quelques Saints.

Calixte, attirée par l'aimant divin de l'Eucharistie, parut se soulever horizontalement de son lit, et, sous la traction de l'amour s'en venir vers l'hostie... Ce ne fut qu'un instant, un éclair!... Dès que l'hostie eut touché ses lèvres, elle retomba sur son lit comme une chose dissoute. L'éclat de cette beauté, d'un flamboiement surnaturel, que l'âme avait jetée à travers le corps, en allant au-devant de son Dieu, sembla se retirer comme l'eau se retire, et rentrer avec l'âme et sa proie divine, et s'absorber en cette fille pâle et s'y abîmer, comme le Dieu qui venait de descendre et de s'abîmer dans son cœur.

Ce fut quelque chose de semblable à ce qui a lieu quand le soleil se retire du nuage qu'il a pénétré de son fluide de feu. Vidée des rayons qui l'imbibaient, la nue reprend sa blancheur opaque. Telle Calixte reprit la sienne. Ses longues paupières se déplièrent sur les globes de ses yeux disparus. Priait-elle?... Était-elle concentrée dans le point de son être où elle sentait physiquement son Dieu? L'Extase, cette tension surhumaine, n'était-elle plus qu'intérieure? La jeune fille était immobile et inerte. Tous ils se taisaient autour d'elle...

Les deux vieillards, stupéfiés de ce qu'ils avaient vu, s'étaient rassis aux angles de la cheminée. L'enfant de chœur avait éteint les cierges, la nuit se faisait au dehors. Le vent gémissait sur l'étang... Bernardine et Néel, agenouillés des deux côtés du lit de Calixte, lui tenaient chacun une de ses belles mains mortes, de façon qu'elle semblait être en croix sur ce grand lit vert...

L'abbé priait debout au pied. Il priait pour qu'elle n'eût pas une de ses crises... « Si elle n'a plus que quelques heures à vivre, — pensait-il, — au moins qu'elle les passe avec nous ! Pendant ses crises, elle est absente ; l'âme, la vraie personne, ne se voit plus. » Dieu enten-

dait-il les prières de cet homme si tendre?...
Mais les yeux de Calixte se rouvrirent. Par la
position qu'elle avait lorsqu'elle les rouvrit,
son regard alla d'abord au prêtre qui priait
les yeux attachés sur elle avec l'expression de
ce sentiment qui n'est plus la sympathie humaine, mais une divine charité.

— Voyez donc ces enfants ! — lui dit-elle
avec un ineffable sourire, — comme ils m'ont
étendue sur ma croix !

Était-ce là une plainte, un murmure qu'elle
exhalait devant l'être qui la connaissait comme
Dieu même, dans le sein duquel elle avait tant
de fois versé son cœur jusqu'au fond? Seul, le
confesseur put comprendre s'il y avait dans ce
mot, simplement dit, du ton de la rêverie,
quelque chose d'humain qui se détachait de
l'âme sanctifiée, comme la flèche tombe de la
plaie, épuisée de sang, et qui en jette une
goutte encore. Néel ne le sut jamais. Mais
eut-elle peur de ce qu'elle avait dit?... Toujours est-il qu'elle reprit, avec la hardiesse
d'une âme pure :

— Néel, vous avez bien souffert sur ce lit
pour moi, et moi, mon ami, je viens d'y être
heureuse en y communiant pour *votre femme*
et pour vous.

Ce fut son dernier mot à *ses enfants*, comme
elle les avait nommés. Après cela elle ne pensa

plus qu'à son père. « Oh! maintenant je ne penserai plus qu'à toi, » dit-elle, en retombant dans l'idée fixe de toute sa vie. Ils savaient de qui elle parlait quand elle disait « toi ». Elle tourna la tête vers la pendule, comme un être qui meurt de soif tourne la tête vers une flaque d'eau. « Le jour est fini, ajouta-t-elle. Il doit être arrivé, n'est-ce pas, Néel, celui que vous avez envoyé à mon père? Mon père sait donc tout à présent! Il sait que sa Calixte meurt. O Dieu! il croit peut-être qu'elle est morte! »

Et elle arracha brusquement ses deux mains à Néel et à Bernardine, et elle les tendit vers le ciel dans un mouvement d'épouvante tragique. Elle voyait peut-être l'âme de son père sous le coup terrible de sa mort, à elle, et ce qu'elle voyait, elle le sentait comme si elle avait eu l'âme même de son père.

— Pauvre malheureux! — fit-elle dans une contemplation hagarde, — puni dans moi! puni dans son enfant! Dieu, ô Dieu, que vos justices sont effrayantes! Me reverra-t-il? Vais-je, mon Dieu, m'en aller vers vous sans le revoir?... Oh! oui, oui, sans doute; que votre volonté soit faite, Seigneur! Mais, Dieu de pitié, permettez que je le revoie, que je meure la main dans sa main! Je n'ai plus qu'un jour à l'attendre : mais vivrais-je encore ce jour?... M'accorderez-vous encore ce jour!... Oh! prenez-moi plutôt des années dans votre Purgatoire; mais, Dieu de mon âme, accordez-moi encore ce jour !

Jamais prière ne s'était élancée d'une âme pour s'enfoncer dans le cœur de Dieu avec plus d'énergie! On a dit, pour exprimer l'ardeur de la foi : la *folie de la croix*. C'était la *folie* de la prière! Les deux pères qui étaient là sentirent la grandeur de l'amour filial qui priait ainsi et eux, les légers de leur temps, ils joignirent les mains et s'unirent mentalement à la prière de cette divine enfant, qu'ils envièrent peut-être à Sombreval.

Mais tout à coup, comme si elle eût eu l'intuition dernière, elle fondit en pleurs :

— Non! — dit-elle, — je mourrai demain. Quand il arrivera, je serai morte... Il m'aime trop pour qu'il me retrouve vivante, — ajouta-t-elle avec une profondeur catholique qui leur donna le frisson à tous. — Et ne se partageant plus, ne se séparant plus d'avec son père :

— *Nous* sommes condamnés ! — s'écria-t-elle.

A cette idée, « le Démon de la crise (comme depuis l'a dit l'abbé Méautis), suspendu long-temps au-dessus de sa tête par nos prières et par nos larmes, tomba perpendiculairement sur elle! » Son corps se roidit et sa gorge se con-

vulsa. On la vit se ployer en arc sur le côté...
Effroyable spectacle !

Le docteur Hérault prit une cuiller et chercha à desserrer les mâchoires contractées.

— Un coin et un maillet n'y suffiraient pas, dit-il. C'est le tétanos !

XXX

 ALIXTE avait prophétisé. Le tétanos, qui peut durer neuf jours, l'acheva dans la nuit.

Elle mourut au plus furieux du paroxysme, brisée comme une corde de harpe qui casse sous une tension trop forte. Elle ne recouvra pas la parole. Ses dents, entre lesquelles le docteur Hérault avait essayé d'introduire le levier d'une cuiller d'argent et qui l'y avait faussé, restèrent serrées à entrer les unes dans les autres, et leur grincement en fit éclater l'émail étincelant. Le docteur avoua qu'il n'avait jamais vu de tétanos d'un caractère si exaspéré et si aigu.

Jusqu'au matin, les signes du mal croissant se multiplièrent, et firent des derniers moments de cette douce enfant de dix-neuf ans la plus violente des agonies. A travers ces lignes qui s'étaient déjà déprimées, la *tête de mort* commença d'apparaître dans ce beau front ! Le nez (ce chef-d'œuvre !) rentra. Une écume sanglante estompa les coins de la bouche contractée, devenue aussi pâle que la joue, et à laquelle rien n'était plus permis de la parole ou du sourire pour ceux-là qui la regardaient, atterrés, mourir ! Un regard même, elle ne l'eut point à leur donner. Ce dernier regard dans lequel le cœur met tant de choses, quand on meurt emmuré dans des organes qui ne fonctionnent plus et n'obéissent plus à la volonté désespérée, ce dernier regard, qui dit avec tant d'angoisse : « Je ne peux parler, ni sourire, ni remuer, ni vous serrer la main, mais je vous vois... et vous, voyez-vous encore comme je vous aime ? » il ne tomba pas de ses yeux dans leurs cœurs ! Ses yeux, ils étaient retournés et ne montraient plus que leur blanc bleuâtre dans leur immobile pâmoison. Morte avant d'être morte, avait-elle eu sous cette couche des organes marbrifiés, dans lesquels elle était prise comme un noyé sous un glaçon qu'il ne peut trouer et qui l'étouffe, une dernière conscience de la vie, de la douleur, — de l'impossible, qui était pour elle de revoir son père, de dire adieu à son père?..

— Mystère impénétrable! Rien ne transpira plus d'elle à ceux qui la voyaient, expirante et captive dans une telle étreinte, et qui ne pouvaient l'en délivrer! Passée à l'état de statue rigide, pour qu'elle fût plus statue encore, ses cheveux blonds, la gloire de sa tête, hérissés déjà, mais si beaux, malgré leur tragique hérissement, devinrent entièrement blancs en quelques minutes.

Ah! le génie de la Douleur, ce grand artiste qui nous sculpte avec un amour si féroce, n'oubliait rien! Statue effrayante qui craquait dans son marbre et suintait comme les marbres suintent dans les églises par les temps humides. De larges gouttes de sueur glacée roulaient et restaient dans ses tempes creuses... Le docteur, avec cette horrible familiarité des médecins qui abaisse tout, y mit son doigt et dit ce mot pittoresquement terrible :

— Ce sont les salières de la Mort.

C'est quand la dernière de ces gouttes livides fut séchée, qu'il ajouta que, pour le coup, c'était bien fini et qu'elle n'existait plus...

Néel tomba à la renverse. On l'emporta.

Mais, revenu à lui, il rentra dans l'appartement où elle était morte. Il ne voulut pas retourner avec son père et monsieur de Lieusaint à la tourelle de Néhou. Il refusa obstinément de monter avec eux dans le char-à-bancs et il y fit presque impérieusement monter Bernardine. En vain demanda-t-elle comme une grâce à celui qui venait de jurer d'être son mari, de rester avec lui dont la douleur la déchirait. Déjà dur pour elle, Néel la refusa et dit qu'on le *laissât tranquille,* ce mot qu'on dit quand on a l'enfer dans le cœur.

Péremptoire comme les désespérés, Néel ne trouva de résistance ni dans son père, ni dans monsieur de Lieusaint. Ils le laissèrent faire ce qu'il voulut, et il voulut rester seul au Quesnay. Il pensait à Sombreval qui devait arriver dans la journée, épouvantable perspective! et il se disait que son devoir était de l'attendre et de lui rendre sa fille morte... Une autre raison encore l'empêchait de partir... Une idée — une idée de feu — s'était emparée de son cerveau et lui brûlait le crâne : c'est que les médecins pouvaient se tromper et que Calixte n'était pas morte !...

Il lui avait vu des crises si longues, des états léthargiques si semblables à la mort, que les médecins pouvaient être dupes de ces crises, et il pensait à s'en assurer... Il voulait faire sur elle une expérience qui lui levait, de terreur, les cheveux sur la tête, mais qu'il était décidé à tenter pourtant, car, dans la catastrophe de la mort de sa bien-aimée, qui avait tué toutes les énergies de son âme, il ne demandait plus qu'elle vécût toute une vie, mais seulement quelques heures encore. Ah! la douleur nous rend modestes! Elle brise jusqu'aux ambitions de nos désespoirs. Elle finit par nous faire petits de désir, lâches de mendicité avec Dieu. Où nous voulions fougueusement tout, nous ne demandons plus que presque rien... Et c'est inutile! Dieu, qui a repris la vie, ne la rend point et passe sans nous écouter!

Quand Néel rentra dans l'appartement de la morte, il y trouva priant l'abbé Méautis, cet homme de prière éternelle! L'abbé, qui avait la pudeur de la mort, avait rejeté le drap du lit sur la face de la trépassée. Mais Néel l'écarta par un mouvement brusque. Le prêtre, qui savait la passion humaine, crut que c'était l'amour, — l'amour toujours assoiffé de voir, — qui faisait lever à Néel le voile étendu, en attendant la pierre du sépulcre, sur cette forme destinée à la tombe, et il frissonna à l'idée de quelque profanation, à force d'amour!

Néel le devina. — Ce n'est pas ce que vous pensez, monsieur le curé, lui dit-il tristement et profondément, — mais il faut que je la voie encore...

Sa voix tremblait. Tout son corps tremblait. Il la regarda et sa main se crispa avant de descendre sur le front placide et froid, le front adoré et mort et désormais sans pensée. Fasciné, il se baissa ardemment vers ce front où il avait si longtemps désiré mettre ses lèvres, mais il se releva aussitôt, et comme s'il se fût rejeté en arrière devant un gouffre :

— Non! dit-il. Je l'aime trop. Je la profanerais.

L'abbé admira cette noblesse. — Que Dieu vous bénisse, monsieur! fit-il attendri. Vous étiez digne d'elle, et elle l'aura vu de là-haut.

— Croyez-vous, — dit Néel, croyez-vous qu'elle y soit dans ce moment?... Croyez-vous vraiment qu'elle soit morte? Morte! tout à fait morte, comme l'a dit ce médecin stupide qui n'a pas pu la sauver! Elle est glacée... Oui, elle semble morte... Mais je l'ai vue ainsi tant de fois! Et vous aussi, monsieur le curé, ne l'avez-vous pas vue aussi, une fois, dans cette léthargie qui ressemble tant à la mort qu'on s'y méprend? Pourquoi n'y serait-elle pas encore?... Nous la croyons morte... Si elle ne l'était pas?...

L'abbé avait encore hoché la tête... puis ce hochement de l'incrédulité s'était arrêté pendant que Néel parlait... Ce qu'il disait était possible!

— Ah! reprit Néel, — car l'amour dans les

âmes bien faites développe la pitié, et d'ailleurs il aimait sincèrement Sombreval, — c'est encore moins pour moi que pour lui, — pour ce malheureux homme qui va arriver tout à l'heure, — que je désire qu'elle ne soit pas tout à fait morte !... Et je veux savoir si elle l'est, car, monsieur le curé, nous ne le savons pas ! Vous vous rappelez le terrible moyen que les paysans, dans nos campagnes, emploient pour s'assurer que leurs morts sont bien morts ?...

L'abbé blêmit. Il comprenait ce que Néel allait lui demander...

— Eh bien ! — continua Néel de Néhou, — nous sommes ici tous les deux, monsieur. Si j'étais seul, je ne pourrais pas... Mais avec vous, je serai moins faible... Voulez-vous que nous l'employions, ce cruel moyen, la dernière ressource et la dernière chance qui nous reste ? Voulez-vous que ce soit nous, nous ses amis, qui lui rendions ce dernier service ?... Nous, du moins, nous n'y mettrons pas que les mains, nous y mettrons nos cœurs !

Devant quoi ce prêtre, qui soignait lui-même sa mère folle et qui vivait tête à tête avec elle, pouvait-il reculer ?... Il fit un geste de consentement à Néel qui prit la barre du foyer et la plongea dans le feu de la cheminée. Elle devait y rougir à blanc... Pendant qu'elle rougissait, ils ne se parlèrent plus. Il semblait que l'idée formidable de la chose qu'ils allaient accomplir transît la parole sur leurs lèvres...

Néel était aussi pâle que Calixte... Quand il eut fini de rougir cette barre dont il aurait mieux aimé sentir les morsures dans sa propre chair que dans la chair où il allait la faire entrer, l'abbé, de ses chastes mains de prêtre, écarta la couverture qui enveloppait les pieds de Calixte, et les découvrit jusqu'aux chevilles, ces pieds charmants, qui avaient alors la blancheur et la mollesse de la ouate.

— Vous rappelez-vous, — dit Néel en les voyant, — le jour où vous disiez qu'ils étaient dignes d'avoir des stigmates ?... Auriez-vous cru que c'était nous qui, un jour, les lui mettrions ?...

Et il approcha le fer rouge de ses pieds qu'il ne voyait qu'à travers ses larmes. Une fumée monta avec un bruit navrant, mais le corps de Calixte resta immobile ; nulle artère ne s'y réveilla, nulle fibre n'y tressaillit. Néel, qui y cherchait la vie avec rage et qui voulait la faire jaillir, par la douleur, des profondeurs d'un engourdissement qui pouvait la recéler encore, brûlait avec un acharnement égaré les beaux pieds insensibles que le feu rongeait, comme il aurait rongé une chair de fleur. Bourreau par tendresse, il s'enivrait de son action mêlée d'horreur et de volonté.

— Assez ! monsieur, lui dit l'abbé : rien n'a bougé. Ah ! elle est bien morte !

Et ils ramenèrent pieusement la couverture sur ces pauvres pieds, brûlés et saignants. Néel, désenivré, était stupide comme s'il avait commis un meurtre ; il regardait ses mains avec haine : elles lui paraissaient dignes de la hache. Inconséquence du cœur de l'homme ! rien n'eût pu l'empêcher d'accomplir l'action qu'il venait de commettre, et, maintenant qu'elle était commise, cette action n'était plus pour lui qu'une exécrable boucherie de cadavre, parce qu'elle n'avait pas réussi !

— Plus d'espoir ! fit-il.

Et il s'affaissa sur un fauteuil au coin de la cheminée, et il y resta avec cette idée qui lui dévorait la cervelle : « Elle est morte, et Sombreval va venir ! »

Le jour glauque qui se levait et entrait par les fenêtres avait fini par vaincre la clarté jaune et progressivement rétrécie des lampes. Esclave de sa fonction, le curé Méautis s'en était allé dire la messe qu'il disait chaque matin à son église de Néhou.

Néel était donc demeuré seul avec la morte. Les nègres avaient voulu aussi garder leur maîtresse, mais il les avait renvoyés. Il ne voulait partager avec personne sa garde funèbre : il pensait que Sombreval ne tarderait pas ; il était sûr qu'à la nouvelle du danger de la mort de sa fille rien ne pourrait retenir un pareil homme, et qu'il bondirait par-dessus tout, même par-dessus les engagements les plus sacrés, plutôt que de ne pas arriver !

Il écoutait tous les bruits qui pouvaient lui annoncer l'arrivée de Sombreval, dans le silence de cette maison où le silence avait toujours eu tant d'empire, et où celui qui régnait à cette heure était le silence de la mort, mais il n'entendait que le gémissement, sur l'étang, du vent d'ouest, qui n'avait plus sa furie des jours précédents, mais dont résonnait toujours la basse continue...

Dans une de ses dernières rafales, ce vent avait fait virer sur leurs gonds les persiennes qui s'étaient fermées, en claquant ; et comme il commençait de se calmer, Néel ne les avait pas rouvertes et retournées contre le mur... Il aurait pu, en entr'ouvrant la fenêtre, les pousser et les rattacher. Il ne le fit point... Il resta dans l'ombre, projetée à l'intérieur par ces persiennes, qui convenait mieux à ses pensées. Il y a tant d'harmonies entre la douleur et la nuit !

Cependant, au bout d'un certain temps passé en ces demi-ténèbres, il crut distinguer dans le vestibule le bruit d'un bâton et d'un pas rapide. Il crut que c'était Sombreval ! Il se leva pour aller au-devant, — plus en proie à la douleur qu'il allait voir qu'à la sienne, avec laquelle il était déjà horriblement familiarisé. Mais ce n'était pas Sombreval encore! La porte de la chambre s'ouvrit, et il reconnut la Malgaigne.

Elle avait les vêtements noirs qu'elle revêtait toujours depuis qu'elle avait dit à Sombreval qu'elle portait « le deuil de son âme ». En venant contre le vent, sans doute, la cape de son mantelet gaufré s'était rabattue et laissait voir son visage épuisé et blanc comme la craie, et les larges prunelles de ses yeux, qui de bleues étaient devenues grises, et de grises sans couleur, tant elles étaient pâles! et dans lesquelles, pour toute lumière, l'égarement mettait son rayon renversé!

Elle s'arrêta sur le seuil une minute, plus majestueuse et plus solennelle que jamais.

— La Malgaigne! fit Néel étonné, car il savait quelle idée l'empêchait d'entrer au Quesnay.

— Vère! reprit-elle, la Malgaigne! la Malgaigne, qui avait bien juré à Dieu et à ses Saints que jamais elle ne mettrait le pied au Quesnay tout le temps que Sombreval y serait, mais il n'y est plus... et son enfant en est partie! La colère du Seigneur qui vient de frapper ici, — dit-elle en montrant le lit de Calixte, — m'a délivrée de mon serment... Elle a dû mourir ce matin, vers cinq heures, car c'est à cette heure-là que j'ai vu son âme au pied de mon lit et qu'elle m'a fait signe de me lever et de la suivre... Je me suis levée. J'ai mis ma jupe et mon mantelet et je me suis dit : Il faut vouloir la volonté des morts et y aller... et je suis venue aussi vite que j'ai pu avec mes vieilles jambes, car j'ai fait mon temps et je me coucherai aussi bientôt, comme elle, pour ne plus me relever !

— Quoi ! vous l'avez vue ? — dit Néel.

— Jusqu'à l'aube, — répondit-elle. Elle a marché devant moi dans les chemins, — de Taillepied ici, — comme marchent les morts, sans faire de bruit, de ce pas mort qu'ils ont, les morts... Il faisait un restant de nuit claire. La lune, une lune du matin, était rongée et allait disparaître, pas plus grande qu'une pièce de six-blancs... Je *l'ai* suivie, sans mot lui dire, car il ne faut pas parler aux morts : et pourquoi leur parlerait-on, puisqu'ils sont des Ames et qu'ils voient nos âmes !...

Elle marchait sans se retourner, car elle sentait bien que je la suivais... Il ventait dru... J'avais peine à tenir mon mantelet sur mes épaules, mais sa robe, à elle, ne remuait pas et tombait *droitement* et juste sur ses pieds, comme si l'air avait été tranquille par ce temps à décorner les bœufs... Il n'y a qu'à l'aube, quand le ciel a commencé de blanchir, qu'elle est devenue moins distincte...

Nous entrions dans le creux du chemin qui passe le long du cimetière... Tout à coup, elle s'est interrompue d'aller et elle s'est assise sur la barre du grand échalier, comme si elle attendait que je l'eusse rejointe... Mais plus je marchais vers elle, moins je la voyais... Et je me suis dit : V'là le jour : elle ne pourra pas aller plus loin... Alors, elle a tendu son bras du côté du Quesnay dans l'espace, et sa face a pâli et a diminué comme la lune avait fait avant elle, et elle s'est *évanie*... Mais ce qui s'est *évani* d'elle, le dernier, c'est sa main qui montrait dans le vide le Quesnay.

A ce moment, j'ai ouï, de loin, chanter les coqs des fermes et j'ai achevé ma route toute seule... J'n'ai rencontré âme qui vive, pas même dans la cour aux Herpin, et j'ai trouvé la porte du perron ouverte. Les gens à Sombreval sont venus à moi, mais ils m'ont laissée passer. Ils m'ont prise pour l'ensevelisseuse... Et c'est vrai ! Je viens pour l'ensevelir. Personne que moi, la vieille mère à Jean Sombreval, ne touchera à sa fille, puisque lui n'est pas là pour l'ensevelir de ses propres mains !

Néel, dans le dévorement de sa douleur, n'avait pas pensé à l'ensevelissement de la morte. Il prit la main de la vieille Hantée, et la conduisant au lit de Calixte :

— O notre mère à tous, lui dit-il, ensevelissez-la. Vous avez raison : il n'y a que l'amour maternel qui puisse toucher à ce corps de vierge. Ce n'est pas l'autre amour !

Et, comme on s'arracherait le cœur, il s'arracha de cette chambre et il envoya la négresse Ismène aider à la Malgaigne dans le pieux devoir qu'elle allait remplir.

Quand elles eurent fini, il vint reprendre son poste de dévouement auprès de cette morte, cousue dans son suaire, et près de laquelle la Malgaigne avait allumé ce cierge funèbre que, dans le langage populaire, on appelle la *chandelle des morts*. Il ne dit pas à l'octogénaire de s'en aller, et elle resta. Elle ne se mit point à genoux, mais elle s'assit sur ses talons comme elle le faisait à l'église, et elle se tint immobile au bord du lit, momie qui gardait un cadavre !

D'abord Néel crut qu'elle priait, et il respecta sa prière ; mais son nom, qu'il crut saisir, mêlé à ces paroles inintelligibles comme elle avait l'habitude de s'en adresser à elle-même, le tira de l'accablement qui avait suivi tant d'émotions et le rappela au sentiment de la seule réalité qu'il y eût pour lui dans le monde : la prédiction qu'elle lui avait faite et répétée sans se démentir jamais, cette prédiction de mort qui lui avait aidé à subir ce mariage, imposé par Calixte expirante, dont, au fond de son âme, il avait horreur, car, dans notre premier amour, lorsque notre âme n'a pas encore perdu sa fleur de noblesse, nous avons horreur de l'infidélité!

— Ah! grande Malgaigne, — lui fit-il à voix basse, vous l'aviez bien dit qu'elle mourrait. Eh bien! à présent c'est mon tour!...

Elle le regarda de ses grands yeux pâles et baissa la tête en signe d'assentiment.

— Vère, dit-elle.

— Et bientôt? dit Néel, les yeux étincelants de la joie des désespérés.

Elle éleva en l'air trois doigts de sa longue main blanche, dont le fil mouillé de la fileuse qui y avait tant passé pendant sa longue vie, avait lubrifié le pouce et l'index :

— Dans trois mois! fit-elle.

— Oh! dit Néel, qui avait soif de mourir, — trois mois, c'est trop long!

XXXI

EPENDANT Sombreval tardait...
A chaque minute, on croyait le
voir apparaître. Mais, chose plus
qu'étrange! toutes les heures de
cette longue journée sonnèrent les
unes après les autres, sans qu'on vît personne
arriver. C'était inexplicable! Jean Bellet, qui
connaissait tous les chemins de la contrée, ne
pouvait pas s'être perdu.

Néel ne savait plus que penser de ce retard
incompréhensible. Toute la nuit on fut sur
pied et dans l'attente. On alla ainsi jusqu'au
midi du lendemain. Néel, ivre d'inquiétude
sur ce père que la nouvelle du danger que

courait Calixte avait pu tuer, essaya de faire reculer l'heure d'un enterrement devenu nécessaire, et il obtint à force d'insistance le répit d'une demi-journée, mais ce fut tout... Passé ce temps, il fallut procéder aux funérailles de cette jeune fille qui n'aurait pas son père derrière son cercueil. Néel y remplaça Sombreval.

Monsieur de Lieusaint, qui devait à Calixte le mariage de sa fille, le vicomte Éphrem et Bernardine assistèrent à cette cérémonie, pendant laquelle Néel s'attendait à tout moment à voir surgir tout à coup Sombreval au milieu de cette église où l'on chantait l'Office des Morts sur son enfant, clouée dans sa bière. Tout le temps que cet office dura, — et sa durée fut courte, car on enterra Calixte vers le soir, — Néel, du fond de l'église, ne cessa d'écouter, à travers les chants des prêtres, si dans les chemins circonvoisins le bruit des pas d'un cheval qui aurait dû être lancé à fond de train n'annonçait pas l'arrivée de ce père affolé de douleur, qui n'était pas là pendant qu'on enterrait sa fille !

Plus l'office s'avançait, plus le sentiment de l'attente s'exaspérait en Néel... Ce jour-là, malgré la saison, le temps était sec, l'horizon clair. De la hauteur où le cimetière de Néhou était situé, Néel, quand il y entra, regarda désespérément dans l'espace... mais sur les routes, au loin, il n'aperçut pas venir Sombreval... Toutes les campagnes étaient solitaires... Ceux qui étaient là remarquèrent que les yeux du jeune maître de Néhou allaient tour à tour de cette fosse qu'on remplissait à ces campagnes vides...

A chaque pelletée de terre qui tombait sur le cercueil de Calixte, Néel recevait le double coup de deux angoisses : l'une pour son compte, l'autre pour le compte de Sombreval ; — et, quand la bêche du fossoyeur vint chercher jusque sous ses pieds la dernière pelletée du monticule qu'y avait formé cette terre rejetée de la fosse et qui bientôt l'eut refermée, il sentit que le dernier ressort de l'anxiété se brisait dans son âme, et il éprouva le froid pesant de ces six pieds de gazon interposés à jamais entre Calixte et Sombreval, quand il arriverait... Ainsi Dieu le punit encore, — pensa-t-il, — de son dernier crime, son hypocrisie, en lui bouchant la vue de son enfant avec ces six pieds de terre qui sont le mur de l'éternité !

Mais Néel ne savait point ce qui allait suivre... Il n'imaginait pas que dans sa lutte contre Dieu Sombreval ne fût pas vaincu. Il ne le croyait pas un de ces champions, abominablement invincibles, qui, tombés dans l'enfer, y combattraient encore... Ce qui avait empêché Sombreval d'arriver, et même de partir, était une chose bien simple, comme toujours, car c'est toujours contre des grains de sable que la vie se brise ou se renverse !

Lorsque Jean Bellet, porteur de la lettre dans laquelle Néel apprenait à Sombreval l'état alarmant de sa fille, fut arrivé à sa destination, il se trouva qu'on faisait au séminaire de Coutances une de ces *retraites* sévères pendant lesquelles rien du dehors ne peut parvenir à ceux qui, dans un but de recueillement, de méditation ou de pénitence, se cloîtrent ainsi pour quelques jours.

En vain Jean Bellet, qui n'était brin dévot, comme à Néhou disaient les commères, et qui aurait donné à tous les diables, s'ils en avaient voulu, toutes les coutumes des séminaires et des maisons de pénitence, pour faire seulement « *tantinet plaisir à monsieur Néel,* » insista-t-il pour voir Sombreval, et rudoya-t-il le portier du Séminaire : il n'obtint même pas qu'on remît la lettre à son adresse, et resta-t-il, comme il le dit au vicomte Ephrem, « à tempêter inutilement dans cette *sacrée* ville *où les prêtres sont tout* et à s'y *manger tout cru...* », il fut bien obligé d'attendre la fin de cette retraite, qui eut lieu à trois jours de là, c'est-à-dire le jour même où l'on enterrait Calixte à Néhou.

« Ce jour-là, — conta-t-il au vicomte Ephrem

avec le franc-parler que le vicomte souffrait d'un homme qui avait tant roulé avec lui, à travers le monde, depuis qu'il savait atteler un cheval à un brancard, — ce jour-là, quand ils me conduisirent à sa cellule et que j'eus remis la lettre de monsieur Néel à ce *renouveau* d'abbé Sombreval, je vis bien que si le vieux défroqué voulait refourrer de la casaque de prêtre par-dessus sa vie de péché, il y avait toujours par-dessous un fier homme, car il eut beau devenir pâle comme qui dirait un mort, il n'en poussa pas moins un juron à casser toutes les vitres de leur Séminaire et il n'y ajouta que le mot qui caresse le mieux les oreilles d'un vieux postillon, comme moi, dont les éperons cuisaient les talons depuis trois mortels jours, sur les pavés de Coutances : *A cheval ! à cheval ! et ventre à terre !*

« Pensez-bien que c'était fini, archi-fini, des retraites, des signes de croix, des génuflexions et de toutes leurs cérémonies ! Ah bien oui ! il laissa tout, *du coup*, et même son tricorne pendu au mur de sa cellule; et tête nue, comme il était, il traversa les cours du Séminaire, comme un sanglier qui va tout découdre, criant toujours : *A cheval ! à cheval !*

« Le portier, qui le crut timbré, se mit en travers de son passage, mais pstt ! du plat de la main il étendit à terre le vieux bonhomme, qui tomba comme une quille et que je ne m'amusai pas à ramasser. « V'là pour la lettre que tu n'as pas voulu porter, — lui dis-je, — calotin ! » car leurs portiers ont des calottes ni plus ni moins que des abbés. Monsieur Néel m'avait ordonné de lui amener la meilleure bête de l'écurie. Il l'enfourcha avec sa soutane qu'il déchira en la retroussant et dont il jeta les morceaux au vent ! Je n'étais pas mal monté non plus, mais tout de même, j'eus peine à le suivre, quoique je fusse botté et éperonné !... Ah ! lui ! ses genoux et ses talons valaient mes éperons et mes bottes !

« Nous partîmes, raide comme balle ! mais dès que nous fûmes hors de la ville, v'là qu'il se mit la route à dos, prit la ligne droite, piqua *par-dessus feuille,* bravement ! et je fis comme lui, à cause de monsieur Néel. Qu'est-ce qu'il aurait dit de son vieux Bellet, si je m'en fusse revenu tranquillement par les routes, comme un meunier sur ses sacs ?... Seulement je puis affirmer et *certifier* que je fêtai là rudement ma cinquantaine de postillon, car il y a cinquante ans que je suis le cul sur la selle, pour votre service, monsieur le vicomte, — et le diable m'emporte si je pourrais recommencer de courir une telle poste, sans crever définitivement mon tambour ! »

. . . . . Il y avait à peu près une heure que

Calixte était enterrée... Les gens de l'enterrement s'en étaient retournés, se dispersant le long des haies... La cloche, dans sa tour, avait cessé de balancer sa sonnerie éplorée. Le silence replanait dans les airs et reprenait possession des campagnes. Seules, de cette foule qui venait de s'y presser, deux personnes étaient restées dans le cimetière abandonné. L'une, c'était Néel, décidé à rester là, sur cette tombe, jusqu'à la venue de Sombreval, et l'autre, c'était la Malgaigne, qui, elle aussi, était fidèle et qui gardait la *fille à son Jeanotin,* prévoyant quelle douleur immense bouleverserait cette âme qu'elle connaissait pour l'avoir tenue dans ses mains, toute petite, et qui par sa violence lui avait si vite échappé! Ils ne disaient rien, concentrés tous deux dans la même pensée. Ils ne priaient pas. Il leur aurait été impossible de prier! Ils attendaient, non plus comme ils avaient attendu déjà. Ils n'attendaient plus pour une *heure fixe*... Il n'y avait plus d'heure fixe pour eux à ce cadran dont l'aiguille indifférente pouvait marquer toutes les heures, sans qu'on lui dît de s'arrêter. Hélas! ce n'est pas *sur les mondes détruits que le temps dort immobile,* mais sur nos cœurs! Calixte était enterrée. Tout était fini.

Maintenant il était sûr que Sombreval arriverait trop tard! Il arriverait pour se casser la tête contre cette tombe : mais il attendait pourtant qu'il arrivât, n'importe à quelle heure, car il devait venir, ou bien donc, c'est qu'il était mort! Et Jean Bellet reviendrait dire, au moins, de quelle mort il aurait péri!!! La Malgaigne avait sur la tombe fraîche de Calixte la même attitude qu'auprès du lit sur lequel elle l'avait ensevelie.

Néel, tantôt à genoux, tantôt debout, s'agitait, et comme s'il n'y avait eu là qu'une tombe parmi toutes ces tombes, il marchait indifféremment sur les autres... De temps en temps il tirait sa montre d'une main convulsive, puis regardait le ciel où la lumière commençait de baisser, — un ciel pâle où s'élevait une lune pâle, derrière l'if centenaire, planté au portail de l'église dont il noircissait les vitraux. L'oreille tendue vers le bruit espéré des fers d'un cheval, qu'il cherchait à percevoir dans le lointain, il n'entendait pas les autres bruits du fond de cette préoccupation d'une espèce de bruit entre tous, et il ne prit pas garde aux pas d'un homme, qui, par la force de sa course, eût devancé un cheval au galop.

C'était Sombreval !

Le malheureux venait d'arriver au Quesnay où ses nègres lui avaient appris que sa fille était enterrée, et alors, sans vouloir entendre rien de plus, il s'était précipité à pied, d'une course forcenée, vers le cimetière de Néhou.

Quand il y tomba, car il faut se servir, pour dire la furie de son arrivée, du mot qu'on emploie pour la foudre et pour le boulet, Néel avait le dos tourné à l'entrée du cimetière, mais un cri ! un cri comme il n'en pouvait sortir que d'une seule poitrine, le fit se retourner brusquement, et il vit...

Ah ! ce qu'il vit n'était plus un homme ! — n'était plus Sombreval ! mais un gigantesque et formidable amas de vêtements déchirés, de sang et de boue, au-dessus duquel une tête aux longs cheveux gris, soulevés par le vent et par la course, — cette course effrénée qui durait depuis Coutances à travers les fossés, les halliers et les fondrières, — se dressait, furieuse de douleur ! On aurait pu s'étonner que cette tête déchevelée, qui couronnait les épaules de cette haute stature, ne fût pas restée, comme celle d'Absalon, accrochée aux branches d'un des arbres sous lesquels elle avait passé.

Mais c'est que Sombreval, plus fort qu'Absalon, avait, par la traction des muscles de son terrible cou, arraché violemment de son crâne et laissé aux branches des arbres, heurtés de sa tête nue, les longs et durs cheveux qui s'y étaient entortillés. Sa tête ravagée portait, à bien des places, la trace saignante de cet horrible arrachement. La soutane en lambeaux de Sombreval ne venait plus qu'aux genoux...

Tout ce détail affreux entra, d'un seul jet, dans les yeux de Néel, et lui fit l'effet d'une folie. Oui, il pensa que Sombreval était devenu fou, physiologiquement fou. Et il le crut bien davantage, quand, au lieu de lui tendre les bras comme à un fils qu'il retrouvait sur la tombe de Calixte, Sombreval sauta sur lui comme une bête fauve, et, l'enlevant dans ses bras, le jeta, terrassé, sur les tombes vôisines :

— Va-t'en ! — lui cria-t-il — et sois maudit, lâche meurtrier de mon enfant ! Tu disais l'aimer, et je te l'avais confiée, et tu l'as laissé prendre pour la mettre ici vivante ! Vivante ! vivante ! car c'est impossible qu'elle soit morte pendant l'absence de son père ! Oh ! elle m'aimait tant qu'elle aurait attendu que je fusse arrivé pour mourir ! Ah ! imbéciles et menteurs que vous êtes tous, elle n'était pas morte ! Son amour pour moi aurait retenu sa vie au bord du néant... Elle n'eût pas voulu me faire cette peine de mourir hors des bras de son père ! Vous l'avez stupidement enterrée dans une de ses crises, — dans une de ces léthargies comme elle en avait !

O mon enfant ! ô mon enfant ! Ils t'auront enterrée vivante ! O horreur ! horreur ! Sera-t-il temps encore? Pourrais-je te sauver? Vis-tu encore là-dessous? M'attends-tu? Me voici, mon enfant! Ne meurs pas encore! oh! ne meurs pas encore; Tâche de respirer encore un moment, ma fillette, sous ce poids étouffant que je vais t'ôter de dessus ta chère poitrine, moi! Calixte, mon enfant, entends-moi! Je viens pour te sauver!

Et croulant à genoux, il plongea ses robustes mains dans la terre fraîchement remuée de la tombe de son enfant, et de ses ongles qu'il y enfonça avec rage il rejeta cette terre autour de lui, par poignées énormes et rapides.

Mais il s'arrêta désespéré... Le travail n'allait pas assez vite au gré du désir qui l'incendiait... Comme un chien qui cherche un terrier, il mordait déjà de ses dents cette terre ennemie qui était entre lui et sa fille et qui lui résistait... Tout à coup, en relevant la tête, il avisa une bêche, — la bêche que le fossoyeur laissait d'habitude plantée à côté de la dernière tombe, car nous mourons si vite, les uns après les autres, qu'il est inutile de l'emporter!

— Ah! fit-il en se jetant sur l'outil qui allait abréger sa besogne, et touché pour la première fois de la *bonté* d'un de ces hasards qui font croire à la Providence, il ajouta :

— Y aurait-il un Dieu, à la fin?

Et avec l'action surhumaine du sentiment

surhumain qui le transportait, il se mit à recreuser la tombe fermée de sa Calixte. La bêche, maniée par ses fortes mains, dont les forces étaient décuplées par les torrents de volonté qu'y envoyait son cœur, emportait, à chaque coup qu'il enfonçait dans le sol, des masses de gazon et de pierres, et semblait un instrument miraculeux! La fosse se refaisait et grandissait, mais c'était encore trop lent pour l'âme de feu de ce père, dévoré du désir de revoir son enfant et de la sauver!

Aussi se tourna-t-il vers Néel, ce Néel qu'il venait d'insulter et de maudire, mais qui n'avait pas répondu à son atroce ingratitude, par respect pour une si grande douleur :

— Néel, dit-il ardemment et humblement suppliant, je te pardonne tout, si je la trouve vivante encore! O mon fils! aide-moi à la sauver!

Et il lui tendit la bêche qu'il tenait et que ses fiévreuses mains avaient faite brûlante... Et pour la seconde fois, retombant à genoux, il se reprit avec ses ongles à déchirer la terre et à vider la fosse remplie, pendant que Néel, magnétisé par le désir de cet homme, — Néel, ne croyant pas à l'efficacité de ce qu'il faisait, mais magnétisé, creusa avec la bêche comme lui creusait avec les mains, et tous les deux, en peu de secondes, arrivèrent aux planches du cercueil...

Alors, — le croiriez-vous jamais ? on entendit un hurlement de joie, et le père infortuné qui le poussait se précipita dans la tombe ouverte... Néel l'y vit saisir le cercueil aux jointures, en arracher les clous et les planches, qui éclatèrent et se rompirent dans ses effrayantes mains irrésistibles, et sortir, comme un Dieu, de cette tombe à laquelle il avait pris sa proie, ayant sur son cœur le cadavre de sa Calixte, endormie dans la mort !

— Oh ! — disait-il riant et pleurant à la fois. — Je t'ai, mon enfant ! Je t'ai ! Je te rapporte à la lumière, et la vie va la suivre...

Et la tenant embrassée dans un de ses bras, comme une mère tient un enfant qui ne sait pas marcher encore, — de l'autre main il déchira sur le haut de la poitrine de ce pauvre cadavre le voile funèbre, ausculta le cœur, tâta le front, interrogea toutes les artères, approcha sa lèvre paternelle de cette bouche froide pour y surprendre cette dernière vapeur de la vie qu'on y cherche avec un miroir, et il ne pleurait plus ! Il ne riait plus ! Il était froid... Il était médecin !

Mais quand l'homme de science, qui croyait à l'évanouissement, fut certain, — certain que la mort était là, avec ses infaillibles marques qui font dégoût jusqu'à l'amour, — le père, que l'homme de science tenait en doute, reprit dans son autre bras, et serra, avec les deux, sur son cœur, cet enfant qui était bien morte, et avec les dernières avidités de la tendresse, qui sait que même cette dépouille insensible, ce visage qui bleuit, cette forme reconnaissable encore, tout à l'heure elle ne l'aura plus! il la couvrit de ces baisers fous qui sont les derniers, — de ces baisers qui, si le corps ne sent plus rien, doivent atteindre l'âme — où qu'elle soit — au fond de l'enfer ou du ciel!!

Néel et la Malgaigne regardaient Sombreval en silence, — saisis par ce spectacle inouï d'un père qui venait de déterrer sa fille pour lui prodiguer les baisers qui avaient manqué à son agonie... Sombreval labourait convulsivement de son front, de ses lèvres, de son visage tout entier, le cadavre qu'il tenait et levait dans ses bras. Il plongeait sa tête désolée au giron de cette chère fille morte, — avec la furie du sentiment qui sait son impuissance, et c'est ainsi qu'il étouffait ces cris involontaires qui nous sortent de la poitrine, dans les grandes peines, sans que nous ayons la conscience de les avoir poussés! Puis, fauché par la douleur, il s'affaisa à mi-corps dans les hautes herbes du cimetière, et peut-être cette grande organisation aurait-elle éclaté sous l'avalanche des tortures que Dieu faisait tomber dans son cerveau et dans son cœur, quand, subitement, des pleurs qui se mirent à couler la sauvèrent... Et lui, que la Malgaigne n'avait jamais vu pleurer, étant enfant, fondit en larmes et pleura comme une femme, avec des sanglots qui semblaient des ruptures de son cœur, et le secouèrent, cet homme de bronze, comme la tempête secoue un vaisseau, doublé de cuivre, qu'elle va briser.

— Il a les deux douleurs, — pensa Néel, plus touché des pleurs de cet homme que de ses cris, — car il était père et mère tout ensemble de son enfant!

Et Néel, qui souffrait tant aussi de la mort de Calixte, était comme jaloux de cette douleur qui se repaissait de ce cadavre, dont il ne pouvait pas demander la moitié. Il n'osait troubler ce père en ces caresses suprêmes, en ces impartageables baisers que seul au monde il avait le droit de donner au corps virginal de sa Calixte!

Lui aussi, Néel, un désir le mordait au cœur : c'était d'aller soulever la tête de Calixte morte, pendante sur l'épaule de son père comme un lis dont la tige est cassée : mais il restait avec la morsure de son désir, enviant à Sombreval ce fardeau si léger, si cruel et si doux, sous lequel il se tenait écrasé, semblable à la figure colossale du Génie en deuil de la Paternité qu'on aurait sculptée sur une tombe; immobile, dans une rigidité de marbre, pleurant de longues larmes pesantes et silencieuses, dans ce pauvre cimetière de campagne tranquille, qui n'avait jamais vu de pareilles larmes; sous ce ciel, opale de pureté, dans lequel la lune montait avec un balancement qui ressemblait à de la vie, et où le dernier oiseau de la soirée chantait pour endormir son petit.

Scène d'un calme auguste, mais cruel, plus cruel que toutes les frénésies qui l'avaient précédée... Ce fut ce moment dans la douleur de Sombreval que la Malgaigne, qui était restée sur ses talons, invisible à cet homme pour qui tout avait disparu, excepté cette tombe, d'où il venait d'arracher sa fille, choisit pour intervenir, — maternelle à *son Jeanotin* jusqu'à la dernière heure. Elle se leva lentement de la tombe qu'elle n'avait pas quittée pendant que Sombreval et Néel avaient vidé celle de Calixte; puis, s'avançant vers Sombreval, toujours immobile dans la fixité du désespoir, elle lui posa doucement la main sur l'épaule, où il n'avait rien...

Abîmé, perdu, anéanti dans la sensation du corps de sa Calixte, il ne sentit pas la main qui se posait sur son autre épaule. Il ne bougea point... Il ne se retourna pas.

— Jean, — lui dit-elle d'une voix puissamment douce, — tu vois à présent qu'elle est morte, mais tu ne vois pas qu'elle est au ciel...

Ah! si tu n'avais pas perdu la foi, malheureux homme, tu le verrais, et ta douleur serait moins amère! O mon pauvre Jeanotin! maintenant que tu l'as embrassé, ce corps qui fut tout pour toi, et que Dieu qui a fait l'âme aussi, et qui veut qu'on aime l'âme de son enfant, t'a ôté des bras et des lèvres, replace-la respectueusement dans cette tombe que tu as violée, et qu'elle y dorme jusqu'au jour du jugement, dans la paix du Seigneur!

Mais jamais la flamme tombant au sein d'une poudrière ne fit explosion plus instantanée et plus violente que les paroles de la Malgaigne sur l'âme soulevée de Sombreval.

— Tais-toi, la Malgaigne, tête renversée! lui cria-t-il, redevenu terrible. Ne me parle plus de ton Seigneur! Sa paix? qu'il me la mette au cœur, s'il le peut, ce monstre chimérique auquel tu crois, folle! Ah! je l'en défie! Non, Calixte ne rentrera pas dans cette tombe d'où je l'ai tirée! Non, je ne veux pas que la terre bénie de ton Dieu soit sur elle!

Et il se leva de toute sa hauteur, et ses deux bras se croisèrent par-dessus le suaire de sa fille qu'il étreignit contre lui, menaçant et farouche... Les tigresses croisent ainsi leurs griffes sur leurs petits, quand elles croient qu'on va les leur enlever.

— Pauvre insensé! dit la Malgaigne, — que

veux-tu faire de ce cadavre qui ne sera même plus un cadavre demain?

— L'arracher à cette terre que je hais et l'emporter avec moi! dit-il avec l'ardente résolution des âmes passionnées. Tant qu'il y aura un atome de mon enfant, ce sera encore mon enfant, et je l'adorerai!

— O mon enfant! continua-t-il, faisant le mouvement de la bercer sur sa poitrine et lui parlant comme si elle l'avait pu l'entendre, — tu t'en viendras avec moi! Je ne te laisserai pas à leur Dieu. Tu ne seras qu'à moi, à moi qui t'ai faite avec mon sang, avec ma vie, avec mon esprit, avec tout mon être! Leur Dieu! leur Créateur! C'est moi qui suis ton seul père... Je n'y croyais pas, à leur Dieu, mais parce que tu y croyais, j'ai fait comme si j'y croyais. J'ai menti! C'est pour toi que je leur ai joué cette comédie dont tous ils ont été la dupe, tant je la jouais bien parce que je la jouais pour toi! J'aurais vieilli et je serais mort portant le fardeau de l'hypocrisie sur mon âme! J'aurais mis sous tes pieds adorés, comme j'y avais mis mon cœur, cette tête qui ne croit plus et qui n'a jamais pu croire, depuis que je suis sorti de cette vie de prêtre dans laquelle, étant jeune, j'ai tant étouffé!

Et je serais mort à leur faire croire à tous que j'étais un saint, et pour te faire moins pleurer, ma fillette!... Mais tu es morte et je repousse avec horreur cette comédie, qui n'avait de sens que parce que je la jouais pour toi ! Et je redeviens ce que j'étais ! Je redeviens le Sombreval qui n'a jamais eu d'autre Dieu que toi !

— Jeanotin, Jeanotin ! s'écria la Malgaigne, qui se pendit aux bras qui tenaient Calixte embrassée, — rends ta fille à la terre du bon Dieu !

— Le bon Dieu ! — fit-il avec un rire sauvage, — où est-il, le bon Dieu ?... Est-ce celui-là qui met dans nos cœurs l'amour des enfants pour nous les prendre, quand nous les avons élevés..., quand de notre chair qu'ils étaient, ils sont devenus notre vie, le bonheur, la gloire de notre vie ! Le bon Dieu ! Ah ! je le méprisais déjà comme une idée fausse, mais, s'il pouvait exister, — à présent je le haïrais comme un bourreau !...

Et il repoussa, en la secouant, l'octogénaire, et la fit tomber.

— Ah ! — dit-elle en fermant ses yeux blancs, — il faut que le Sort s'accomplisse.

Et elle n'insista plus.

Mais Néel :

— O monsieur Sombreval, lui dit-il, ayez pitié de nous tous ! Posez votre enfant dans ces bras qui auraient tant voulu l'y recevoir vivante, et je la replacerai moi-même dans son cercueil.

— Non! fit-il, obstiné comme le malheur qui le frappait. Je me suis séparé d'elle pour la faire vivre... Elle est morte. Nous ne nous séparerons plus!

Et, la tenant toujours sur son épaule, comme un moissonneur tient sa gerbe, il sortit du cimetière avec une rapidité sinistre... Un éclair passa dans la tête de Néel! Il sentit que le malheureux allait mourir! Il le suivit, emporté par cet éclair, mais il ne put atteindre, même en courant, cet homme qu'une idée entraînait. Il le vit du sommet de la butte Saint-Jean qui dévalait le long de la butte; et les ténèbres qui commençaient de fluer dans les airs faisaient le suaire de Calixte plus blanc à travers les ombres du crépuscule.

— Ah! il va à l'étang! dit Néel, qui se rappela la prédiction de la Malgaigne et qui se précipita épouvanté sur la pente.

Il l'apercevait alors sur la route, tout près de ce bord redoutable, sans parapet, — et presque au niveau de l'étang. Il courut, la vue fixe sur le suaire de Calixte, tache blanche dans un milieu toujours plus sombre et qui brillait encore quand l'épaule sur laquelle il flottait et l'homme de cette épaule ne se voyaient plus. Tout à coup la tache blanche disparut...

Haletant, le cœur palpitant, Néel redoubla de vitesse, mais quand il arriva à l'étang... plus rien ! Où étaient-ils ? Ses yeux de dix-huit ans, ses yeux de chasseur, embrassèrent, étreignirent l'étendue liquide et verdâtre, trop épaisse pour réfléchir la lune, mais que la lune faisait miroiter... Ce n'était plus alors la lune blanche du commencement de la soirée. Elle avait jauni en montant dans le ciel, qui s'était foncé de bleu... Soucieuse, elle envoyait ses longs rayons obliques au fil de cet étang qu'elle faisait briller à certaines places, comme un monstrueux poisson vert, écaillé d'argent. Le vague bruissement de l'Elavare arrivait de loin jusque dans les saussayes... et à la pointe de ce vaste cône d'eau, on en apercevait la fumée...

Incertain, dépisté, Néel se tenait sur le bord de l'étang, plus sinistre encore de nuit que de jour et qui conseillait le suicide. Il allait s'y jeter à tout hasard, quand à vingt brassées du rivage, il crut voir traîner le suaire de Calixte. Attiré par cette indication certaine, Néel n'hésita plus : il se jeta dans l'étang et se dirigea vers le corps de sa bien-aimée, et il eut le bonheur, l'amer bonheur, de le prendre dans ses bras, ce corps qu'il n'y avait pris qu'une fois, et on se le rappelle, — pour si peu de temps ! et de le ramener au rivage.

Puis il replongea et chercha Sombreval... mais en vain ! Plus pesant que Calixte, il était sans doute descendu profondément en ces vases sans fond où il s'était perdu, et Néel ne le retrouva point... Après des efforts furieux et inutiles, Néel se retira de cette eau presque limoneuse dont il avait eu tant de peine à scier la surface avec ses jeunes bras, et reprenant Calixte et la portant, comme il n'y avait qu'un moment la portait son père, il remonta vers le cimetière de Néhou.

Quant il l'atteignit, la nuit était tout à fait venue. La lune descendant de l'autre côté du zénith n'éclairait plus qu'à moitié le clocher dont la base trempait dans l'obscurité. Le vieux if noir semblait plus noir et la chouette ululait dans le creux de son tronc fendu par le temps... C'était une heure solennelle. Néel porta Calixte vers sa tombe ouverte, et tout d'abord il ne vit pas la Malgaigne, mais, une seconde après, il l'aperçut gisant à moitié relevée sur l'herbe où l'avait renversée Sombreval.

— Mère, — lui dit-il, — la voici, elle ! que je rapporte à sa tombe, mais lui ! je n'ai pu l'empêcher de périr...

— Vère ! fit-elle. Il faut que les sorts s'accomplissent. Il a péri par l'eau... n'est-ce pas ? comme je l'avais vu...

— Oui, dit Néel, — dans l'étang de son Quesnay où vous l'aviez vu le *jour de la barque*, enfoncé avec cette enfant que j'en ai arrachée : saint amour qui, du moins, dormira dans une terre chrétienne !

Et après lui avoir donné sur son front humide et glacé ce premier et dernier baiser qu'il n'avait pas osé lui donner, quand, morte, elle était tiède encore, il la descendit dans la fosse, la replaça dans son cercueil dont il rejoignit pieusement les planches... puis avec la bêche du fossoyeur il fit retomber la terre sur l'amour de sa vie.

— Tous les sorts sont accomplis, grande Malgaigne ! — dit-il, — excepté un !

Elle ne répondit pas. Il se baissa. Elle était morte. La rosée l'avait-elle glacée ? Ou les émotions de cette soirée avaient-elles rompu le dernier fil qui rattachait à la vie sa longue vieillesse ? Mais le fait est qu'elle n'existait plus...

ET Néel de Néhou ? fis-je à Rollon Langrune quand il s'arrêta à ce point final de l'histoire de Jean Gourgue, dit Sombreval.

— Néel, reprit-il, tint son serment : il épousa Bernardine ; mais quelques semaines après son mariage, il recevait par l'intermédiaire du préfet de la Manche un brevet qui le nommai lieutenant dans cet héroïque régiment de Chamboran, qui portait le dolman et la pelisse de ce brun mélancolique qu'on appelle *froc de capucin*, et ces belles tresses poudrées et plombées qui accompagnaient si bien une martiale figure sous le kolback. Je vous l'ai dit, l'Empereur Napoléon, qui était dans ce temps-là au faite de sa puissance et de sa gloire, ne cessa d'envoyer jusqu'à la création des Gardes d'Honneur, aux jeunes fils des anciennes familles, de ces brevets d'officier qui prouvaient, du reste, que, pour ce grand politique, l'égalité devant la loi, qu'il avait inscrite dans ses codes, n'avait jamais été qu'un sacrifice fait par son génie aux idées de la Révolution.

Le vicomte Éphrem, toujours fidèle à sa cause, eut la velléité d'opposer à la volonté de l'Empereur la circonstance du mariage de son fils, mais Néel accepta le brevet et dit si péremptoirement qu'il voulait partir, que son vieux père céda. Malheureux, inconsolable, ennuyé de Bernardine et de la bonté plus résignée que reconnaissante dont il accueillait ses tendresses, Néel crut que le meilleur moyen de réaliser la prédiction de la grande Malgaigne s'offrait à lui, et il le saisit avec joie :

— Au moins, — se dit-il, — je mourrai comme on a l'habitude de mourir dans notre Maison.

Et il partit. Son père, qui le vit en uniforme avant de partir, sentit ses vieilles entrailles militaires se remuer en le regardant, et il se réconcilia avec l'idée qu'en servant l'Empereur, son fils Néel servirait la France.

— Bah ! — fit-il gaiement, — il y a encore assez de blanc dans la cocarde tricolore, pour que nous autres, nous puissions très bien la porter !

Bernardine, seule, ne prit pas son parti du départ de Néel. Elle seule savait pourquoi il voulait être soldat. Quand une femme a couché sur le cœur d'un homme, elle sait toujours ce qu'il y a au fond de ce cœur... En vain le vicomte essaya-t-il de consoler Bernardine à sa manière :

— Il reviendra après une campagne, lui dit-il, et avec l'embellissement de quelque beau coup de sabre à travers la figure, et il vous trouvera, ma bru, embellie de quelque gros garçon que vous aurez dans les bras.

Mais tout fut faux dans les prophéties du vicomte : Néel de Néhou ne revint pas. Il se fit tuer dans une des plus célèbres batailles du temps, en poussant son cheval le poitrail sur une pièce de canon, qui coupa en quatre l'homme et le cheval. C'était juste trois mois après la mort de Sombreval et de la Malgaigne.

Bernardine n'eut point d'enfant. Elle aurait pu faire au vieux Éphrem une confidence bien cruelle, mais la noble et pudique femme dévora sans se plaindre son humiliation, comme elle avait dévoré toutes ses larmes. Veuve sans cesser d'être vierge, elle prit le voile aux Carmélites de Valognes sous le nom de *Sœur Calixte*, par un touchant sentiment de reconnaissance pour l'être angélique qui avait voulu la faire heureuse.

— Et le médaillon ? — fis-je encore à Rollon Langrune qui, de cette fois, croyait en avoir fini de son histoire et de mes questions.

— Ah! le médaillon! répondit-il. Il est probable qu'il appartenait à Sombreval, car, lorsque plusieurs années après les événements de cette histoire, on vida l'étang du Quesnay, devenu un bourbier fétide et auquel on attribuait les fièvres putrides qui ravageaient le pays, on le retrouva au fond des vases.

Et tenez! — ajouta-t-il, — voyez ici... à cette tache..., que la couleur a passé sous l'action de l'eau qui s'est infiltrée entre le cristal et l'ivoire...

Quant à Sombreval, on n'en trouva pas un seul os pour le joindre au portrait, — ce qui fit dire aux paysans de la contrée que le Diable, qui a le bras long, l'avait passé à travers les boues de l'étang, pour tirer jusqu'à lui, par les pieds, le PRÊTRE MARIÉ !

FIN DU TOME SECOND

Achevé d'imprimer

le vingt-huit août mil huit cent quatre-vingt-un

PAR CHARLES UNSINGER

POUR

ALPHONSE LEMERRE, ÉDITEUR

A PARIS

PETITE BIBLIOTHÈQUE LITTÉRAIRE
(AUTEURS CONTEMPORAINS)

Volumes petit in-12 (format des Elzévirs)
imprimés sur papier vélin teinté
Chaque volume : 5 ou 6 fr.

Chaque œuvre est ornée d'un portrait gravé à l'eau-forte

BARBEY D'AUREVILLY.	L'Ensorcelée. 1 vol.	6 fr.
— —	Une Vieille Maîtresse. 2 vol.	10 fr.
— —	Le Chevalier des Touches. 1 vol.	6 fr.
— —	Un Prêtre marié. 2 vol.	10 fr.
6 Eaux-fortes dessinées et gravées par FÉLIX BUHOT pour illustrer le *Chevalier des Touches*. Prix.		10 fr.
7 Eaux-fortes dessinées et gravées par FÉLIX BUHOT pour illustrer *l'Ensorcelée*. Prix.		10 fr.
11 Eaux-fortes dessinées et gravées par FÉLIX BUHOT pour illustrer *la Vieille Maîtresse*. Prix.		15 fr.
THÉODORE DE BANVILLE	Idylles prussiennes. 1 vol.	5 fr.
— —	Les Stalactites. 1 vol.	5 fr.
— —	Odes funambulesques. 1 vol.	6 fr.
— —	Le Sang de la coupe. 1 vol.	6 fr.
— —	Les Exilés. 1 vol.	6 fr.
— —	Occidentales. 1 vol.	6 fr.
— —	Les Cariatides. 1 vol.	6 fr.
— —	Théâtre. 1 vol.	6 fr.
AUGUSTE BRIZEUX. Poésies : *Marie. — Telen Arvor. — Furnez Breiz*. 1 vol.		5 fr.
— —	Les Bretons. 1 vol.	5 fr.
— —	Histoires poétiques. 2 vol.	10 fr.
*CHATEAUBRIAND. *Atala, René, le Dernier Abencerage*, avec notices et notes par ANATOLE FRANCE. 1 vol.		6 fr.
ANDRÉ CHÉNIER. Poésies complètes. 3 vol.		18 fr.
FRANÇOIS COPPÉE.	Poésies (1864-1869). 1 vol.	5 fr.
— —	Poésies (1869-1874). 1 vol.	5 fr.
— —	Poésies (1874-1878). 1 vol.	5 fr.
— —	Théâtre (1869-1872). 1 vol.	5 fr.
— —	Théâtre (1872-1878) 1 vol.	5 fr.
PAUL-LOUIS COURIER. Pamphlets et lettres politiques, avec notice et notes, par M. FR. DE CAUSSADE. 1 vol.		6 fr.
GUSTAVE FLAUBERT.	Madame Bovary, 2 volumes.	10 fr.
— —	Salammbô, 2 vol.	10 fr.
7 Eaux-fortes dessinées et gravées par BOILVIN pour illustrer *Madame Bovary*. Prix		12 fr.
LÉON GOZLAN.	Aristide Froissart. 1 volume.	6 fr.
— —	Polydore Marasquin, etc. 1 vol.	6 fr.
— —	Nouvelles. 1 vol.	6 fr.
VICTOR HUGO.	Poésies. 10 vol. ; chaque volume	6 fr.
—	Théâtre. 4 vol. ; chaque volume.	6 fr.

PARIS. — CH. UNSINGER, imprimeur, rue du Bac, 83.

www.ingramcontent.com/pod-product-compliance
Lightning Source LLC
Chambersburg PA
CBHW071129160426
43196CB00011B/1841